D1102441

Savoirs en management: hybrides d'action et de connaissance

Martin X. Noël
Université du Québec en Outaouais

Collection
Synthèse

Savoirs en management:
hybrides d'action et de connaissance
Martin X. Noël
© 2009 Les Éditions JFD

Catalogage avant publication

Noël, Martin X.
Savoirs en management:
hybrides d'action et de connaissance

1. Management   2. Épistémologie

Les Éditions JFD
CP 15 Succ. Rosemont
Montréal, (Qc)
H1X 3B6
Téléphone: 514-999-4483
Courriel: info@editionsjfd.com
www.editionsjfd.com

Nous reconnaissons l'aide financière du Décanat de la recherche de l'Université du Québec en Outaouais.

ISBN 978-2-923710-04-4
Dépôt légal: 3ième trimestre 2009
Bibliothèque et Archives nationales du Québec
Bibliothèque et Archives Canada

Imprimé au Québec sur les presses du Caius du livre
2e impression : août 2010

Ce livre est imprimé sur du papier composé de 100% de fibres de récupération de post-consommation.

TABLE DES MATIERES

Remerciements

Ce petit ouvrage est issu en grande partie de ma thèse de doctorat qui n'aurait pas vu le jour sans le concourt, au plan universitaire, de quelques personnes que je tiens ici à remercier. Tout d'abord, les professeurs Pierre Cossette et Anne Mesny qui ont lu et commenté le résultat des étapes jalonnant la formulation de ma thèse. Je souhaite également adresser mes remerciements aux professeurs Christiane Demers et Alain-Charles Martinet, qui ont accepté de faire partie de mon jury de thèse et d'exposer leurs réflexions à propos de celle-ci.

Un remerciement tout spécial à mon directeur de thèse, le professeur Richard Déry, qui a ingénieusement su mener à bien la réalisation de mon parcours doctoral, et qui compte par conséquent pour beaucoup dans l'élaboration et l'articulation des idées avancées dans les pages qui suivent, d'autant plus qu'il a aussi généreusement contribué à en bonifier la version imprimée.

INTRODUCTION

Parfois amalgamé au comportement organisationnel, à la recherche opérationnelle, à l'économie appliquée, aux stratégies corporatives, aux théories des organisations, aux relations industrielles, à la psychologie du travail, et à bien d'autres, le management est ainsi l'objet et le fruit de pratiques et de réflexions contribuant à sa formation, à son développement et à son expansion tous azimuts. Désormais, peu de choses ne semblent pas marquées à l'empreinte du management, ses méthodes, ses visées et ses conséquences. En effet, le monde moderne contemporain a ceci de particulier que tout y est devenu matière à gestion[1]. Comme Mintzberg le relève:

> «Notre monde est devenu, pour le meilleur et pour le pire, une société d'organisations. Nous sommes nés dans le cadre d'organisations et ce sont encore des organisations qui ont veillé à notre éducation de façon, à ce que plus tard, nous puissions travailler dans des organisations. Dans le même temps, les organisations ont pris en charge nos besoins et nos loisirs. Elles nous gouvernent et nous tourmentent (et, par moment, les deux à la fois). Et, notre dernière heure venue, ce seront encore des organisations qui s'occuperont de nos funérailles.[2]»

---

[1] Voir: Déry (1997).
[2] Voir: Mintzberg (1990), p. 13

Ainsi, du berceau au tombeau, ce qui reste du divin, l'espèce humaine, rien ne paraît désormais pouvoir se soustraire à une variété de logiques managériales et organisationnelles. Tant et si bien que lorsque l'on réitère, à l'occasion, l'interrogation classique qui consiste à se demander si la gestion est Art ou Science, le management répond en gérant arts[3] et sciences[4].

En fait, depuis les débuts de codifications explicites des activités managériales contemporaines, remontant à la fin du 19e siècle et attribuables aux auteurs qu'il est convenu de regrouper sous l'appellation de «classiques», le management s'est considérablement développé, sous la triple impulsion des gestionnaires, des universitaires, et des consultants en gestion, au point de s'institutionnaliser de diverses manières comme champ de connaissances disposant d'une certaine autonomie[5].

De manière concomitante, la science en général se prend pour objet et se réfléchit elle-même[6] depuis quelques décennies. Faisant écho à ces réflexions, plusieurs universitaires en sciences de la gestion sont partie prenante de ce mouvement qui consiste, entre autres, par des épistémologies diverses, à interroger les postulats, fondements, méthodes, principes constitutifs, frontières du champ, produits, et processus de production du domaine. Marquées par une multitude de débats, les sciences de la gestion se réfléchissent, et élaborent du même souffle quantité d'écrits proposant une diversité de regards à propos du management.

Or, interroger épistémologiquement la gestion revient *de facto* à se positionner de manière plus ou moins explicite parmi des travaux fort variés. En effet, depuis les

[3] Voir: Lapierre (1978); Bégin, *et al.* (1996).
[4] Voir: Callon, *et al.* (1995).
[5] Voir: Whitley (1984d); Whitley (1984a); Whitley (1984b).
[6] Voir: Latour (1994); Bourdieu (2001), p. 9-66.

années 1980, les croisements entre épistémologie et administration prennent plusieurs formes, et se sédimentent à d'autres, pour notamment marquer «l'émergence [...] d'une épistémologie dérivant vers différents sous-champs des sciences de l'administration.[7]» Par ailleurs, la gestion est également marquée de considérations épistémologiques davantage «internes», puisque ses acteurs élaborent des réflexions qui prennent pour objet et/ou tiennent compte des particularités du domaine[8]. Ce livre rejoint ce type de préoccupations, dans la mesure où le management y est problématisé dans une veine rejoignant plusieurs travaux qui suscitent un intérêt à conceptualiser la gestion en termes épistémologiques[9]. Une variété indéfinie de regards peut prendre pour objet l'une ou l'autre des facettes de la gestion, et puisque ce petit ouvrage se veut une contribution à l'épistémologie du management, il importe de le situer parmi ceux-ci. En première approximation, il est possible de distinguer quatre grands types de travaux s'intéressant aux sciences de la gestion.

On peut d'abord repérer les contributions qui étayent des recensions ou une histoire des idées managériales. Ainsi, la gestion a été peu à peu dotée de son histoire intellectuelle[10], du catalogue de ses meilleures idées[11], du portrait de la pensée de ses auteurs successifs[12], ainsi que de ses dictionnaires encyclopédiques[13]. Un second courant offre un regard critique de ses modèles. Privilégiant un ancrage philosophique, inter ou transdisciplinaire, les travaux de ce type mettent en relief une remise en question de

---

[7] Voir: Audet et Déry (1996), p. 109.
[8] Voir: Audet, et al. (1986); Landry et Banville (1993).
[9] Voir: Déry (1989); Martinet (1990); Déry (1994); David (2002); Cossette (2004), p. 9-34.
[10] Voir: Wren (1994); Crainer (2000).
[11] Voir: Brilman (2001).
[12] Voir: Wren et Greenwood (1998); Scheid (1999).
[13] Voir: Perseus (2002).

la gestion[14]. Un troisième pan de discussions s'intéresse aux méthodes par lesquelles sont développées les connaissances dans le domaine, à partir de préoccupations se rapportant essentiellement aux manières de produire des recherches universitaires. Ceci donne lieu à une variété de débats méthodologiques à travers lesquels les sciences de la gestion et de l'organisation affirment parfois leurs pluralisme, distinction, et légitimité[15]. Témoignant de ce pluralisme, les tenants d'une certaine orthodoxie y réitèrent épisodiquement nombre de postulats et de prescriptions issus de courants positivistes[16], tandis que plusieurs chercheurs scrutent les savoirs qui sont développés en sciences de la gestion, notamment en termes de bien-fondé[17], d'objectivité et de subjectivité[18], ainsi que de validité[19]. Finalement, un quatrième type de recherches propose des analyses sociocognitives des savoirs en management. Parmi celles-ci, il serait possible, en premier lieu, de distinguer celles qui s'appuient sur un matériau empirique afin de documenter les analyses en question de celles qui développent des avancées privilégiant un ancrage théorique pour aborder le domaine[20]. Ce petit livre se situe à ce second niveau.

---

[14] Voir: Chanlat (1990); Aktouf (1992); Bédard (1995); Chanlat (1995); Calori (1998); Aktouf, et al. (2005).
[15] Voir: Cohen (1989); Le Moigne (1993).
[16] Voir: Armstrong (1980); Behling (1980); Donaldson (1997).
[17] Voir: Smiddy et Naum (1954); Thompson (1956).
[18] Voir: Mitroff (1980); Cotton (1982); Astley (1984); Astley (1985)
[19] Voir: Miner (1984); Mitchell (1985); Tsoukas (1989); Scandura et Williams (2000).
[20] Voir: Déry (1995); Rouleau et Séguin (1995); Laroche et Nioche (1998); Hatchuel (2000).

Chapitre 1

LE MANAGEMENT

Aisément repérable dans la prolifération d'ouvrages, de revues spécialisées, de programmes de formation, de diplômes universitaires, de firmes de consultants, de sociétés savantes et d'associations professionnelles, un foisonnement de savoirs et de pratiques a été pris en compte pour refléter ce qu'est le management. Tributaire de trois catégories d'acteurs que sont les praticiens de la gestion, les universitaires-chercheurs du domaine, et les consultants en la matière, le champ du management est empreint de diverses logiques qui se répercutent dans les caractérisations que l'on peut en faire. Ainsi, fruit du travail de praticiens, le management est un processus technique; par celui des consultants, le management est une suite de modes; et pour les chercheurs en gestion, le management est envisagé comme une variable explicative ou une expérience vécue. Ces quatre approches sont brièvement synthétisées ci-dessous.

Le management est un processus technique

Si l'on peut faire remonter les origines du management à l'Antiquité, en passant par l'Église catholique romaine, les organisations militaires et les administrations publiques, la base des principes et des techniques de gestion contemporains est ici attribuable à Taylor et Fayol[21]. En effet:

> «*L'école classique* se développe au début du XXᵉ siècle et prend deux directions différentes: l'organisation scientifique du travail (OST) et l'organisation administrative du travail (OAT). L'organisation scientifique du travail s'intéresse à la production dans les ateliers et tire son origine principalement des travaux de Taylor [...] L'organisation administrative du travail est le pendant de l'OST en ce qui a trait à la gestion et à l'administration. Représentée par les travaux de Fayol en France, et ceux de Gulick, d'Urwick, de Parker Follett et de Mooney aux États-Unis, cette école énonce les principes administratifs sur lesquels doit reposer toute gestion efficace des organisations.[22]»

Produit du travail de praticiens de la gestion en exercice ou en fin de carrière, le management s'écrit ainsi depuis environ un siècle, d'abord par deux de ses ingénieurs-gestionnaires, qui élaborent une lame de fond dont l'écho se répercute jusqu'à maintenant:

> «L'ouvrage d'Henri Fayol n'est pas un texte historique car il ne décrit pas le management du début du siècle. C'est l'un des textes fondateurs qui doit indiscutablement faire partie de toute bibliothèque de management. Il est au management ce que Thalès et Pythagore sont à la géométrie, Sun Tsu et Clausewitz à l'art de la guerre![23]»

De manière similaire et correspondante, l'impact de l'héritage taylorien peut être souligné de la façon suivante:

> «Le développement du niveau de vie, et en conséquence la modification du mode de vie qui est rendue possible par l'accumulation des biens matériels, découlent essentiellement, à notre avis, de l'attitude d'esprit de Taylor et des centaines de milliers de personnes engagées dans la recherche de

---

[21] Voir: Koontz et O'Donnell (1964), p. 13-25.
[22] Voir: Séguin et Chanlat (1992), p. 12 et 14.
[23] Voir: Détrie (1999), p. VII en préface à la réédition de Fayol (1999).

12

moyens nouveaux de transformation de la matière et dans l'organisation des sociétés humaines qui mettent en application ces moyens.[24]»

Que l'on veuille les encenser ou les dénoncer, il reste que les deux auteurs peuvent être considérés comme les précurseurs de la gestion contemporaine puisqu'ils formulent des principes de gestion d'une entreprise pour l'un, et des méthodes de division et coordination des tâches pour l'autre, dont la pérennité se maintient à plusieurs égards. Relayant des idéaux de progrès industriels dans l'efficacité des manières de faire, Fayol et Taylor ont ainsi, chacun à leur manière, contribué à camper le management comme étant des processus techniques relativement formalisés, se voulant efficaces, méthodiques, rationnels et universels, sinon dans le détail de leurs agencements, du moins dans leur logique d'ensemble.

Les processus que recouvre l'acronyme P.O.D.C., que sont devenus la prévoyance, l'organisation, le commandement, la coordination et le contrôle, que Fayol désignait comme «éléments administratifs», servent d'armature conceptuelle à nombre de manuels d'enseignement de la gestion jusqu'à maintenant. Qui plus est, ses 14 principes généraux d'administration[25] participent de la définition technicisée abstraite de ce qu'est la fonction administrative, ou management:

«La *fonction administrative* n'a pour organe et pour instrument que le *corps social*. [...] Toute règle, tout moyen administratif qui fortifie le corps social ou en facilite le fonctionnement, prend place parmi les principes, aussi longtemps du

---

[24] Voir: Peiperl (2001), p. XI précédant la traduction de Taylor (1971).
[25] C'est-à-dire: (1) la division du travail, (2) l'autorité, (3) la discipline, (4) l'unité de commandement, (5) l'unité de direction, (6) la subordination des intérêts particuliers à l'intérêt général, (7) la rémunération équitable, (8) la centralisation, (9) la hiérarchie, (10) l'ordre, (11) l'équité, (12) la stabilité du personnel, (13) l'initiative et (14) l'union du personnel.

moins que l'expérience le confirme dans cette haute digni-
té.[26]»

Les processus abstraits d'agencement du corps social se
complètent au niveau très concret des procédés industriels
par les méthodes de subdivision et de standardisation des
tâches résultant des expérimentations de Taylor[27]. Il s'agit
ainsi de développer des techniques de travail plus efficaces
qui reposent sur la mesure des temps et des mouvements
impartis à chaque tâche, l'ordonnancement logistique ra-
tionalisé des séquences de production, et la spécialisation
et la division du travail. Facilitant la production de masse,
ce passage de l'atelier à l'usine s'est si bien répandu dans
les sociétés industrialisées qu'il y est aujourd'hui presque
impossible de trouver un produit ou un service, tangible ou
non, qui ne soit pas en partie issu de ce type de processus
techniques.

Couplés à la croissance et à la multiplication des organisations, dont les sphères d'activité ne cessent de
s'étendre, le management et ses techniques se sont donc
considérablement développés, au point où l'humanité elle-
même soit en train de se techniciser[28]. Ainsi, depuis les
travaux desdits pères fondateurs, nombre de déclinaisons
de ce qu'est le management continuent de l'instituer comme processus techniques. Même si les postulats rationalis-
tes sont remis en cause, et que le fantasme d'un «*one best
way*» est devenu caduc, c'est pour mieux faire précéder et
orienter d'autres moyens par d'autres fins, dans l'optique
de gérer efficacement. Par exemple:

> «*Fundamentally, reengineering is about reversing the indus-
> trial revolution. Reengineering rejects the assumptions inhe-
> rent in Adam Smith's industrial paradigm – the division of la-*

---

[26] Voir: Fayol (1999), p. 23.
[27] Voir: Taylor (1911); Taylor (1934).
[28] Voir: Ellul (1990); Sloterdijk (2000).

14

bor, economies of scale, hierarchical control, and all the other appartenances of an early-stage developing economy. Reengineering is the search for new models of organizing work. Tradition counts for nothing. Reengineering is a new beginning.[20]»

Enfin, relayées en partie par des consultants, les techniques de base caractérisant les pratiques de gestionnaires donnent prise au développement d'une multitude d'outils supplémentaires, destinés à des emplois divers. Une recension chronologique fait état de la série suivante, dont les intitulés sont apparus entre les années 1950 et 1980:

«Decision Trees; Managerial Grid; Satisficers / dissatisficers; Theory X and Theory Y; Brainstorming; T-group training; Conglomeration; Theory Z; Management by Objectives; Diversification; Experience Curve; Strategic Business Unit; Zero-Based Budgeting; Value Chain; Decentralization; Wellness; Quality Circles; Excellence; Restructuring; Portfolio Management; MBWA; Matrix; Kaiban, Intrapreneuring; Corporate Culture and One-minute managing.[30]»

Le management peut donc être appréhendé comme une variété de processus techniques relativement formels dont la surmultiplication et le caractère passager des diverses variantes et déclinaisons a par conséquent donné lieu à y voir des effets de mode.

Le management est une rhétorique à la mode

Une seconde démarche consiste à s'intéresser socio-psychologiquement aux techniques de management largement popularisées par les consultants du domaine. Une recension chronologique de ces succès commerciaux fait, par exemple, état de la série suivante:

[29] Voir: Hammer et Champy (2001), p. 52.
[30] Voir: Pascale (1990), cité dans Jackson (2001), p. 14.

Le management

> «*1950s: Management by objectives (MBO), Program evaluation and review technique (PERT), Employee assistance programs (EAPs); 1960s: Sensitivity training and T-groups; 1970s: Quality-of-worklife programs, Quality circles; 1980s: Corporate culture, Total quality management (TQM), International Standards Organization 9000 (ISO 9000), Benchmarking; 1990s: Employee empowerment, Horizontal corporations, Vision, Reengineering, Agile strategies, Core competencies.*[31]*»*

Ces procédés et techniques de gestion ont été caractérisés comme des discours particulièrement populaires, éventuellement à ranger au catalogue des meilleures pratiques, à propos desquels:

> «*Managers [...] adopt management fashions in a desire to learn about management techniques that would help them respond to organizational performance gaps opened up by real technical and economic environmental changes.*[32]*»*

Abondamment vantées dans la presse professionnelle et les journaux d'affaires pour ensuite être finalement assimilées à des modes[33], ces techniques ont ainsi été reçues à vaste échelle, avec des succès parfois mitigés[34]:

> «*In the past 20 years we have seen a surge in the number of books, periodical articles, and other sources describing certain management practices as a key to increasing organizational productivity and performance. The attention given to such management practices has led some to call them "man-*

---

[31] Voir: Phillips Carson, *et al.* (2000), p. 1144.
[32] Voir: Abrahamson (1996), p. 255.
[33] Voir: par exemple, Miller et Hartwick (2002) dans les pages de la *Harvard Business Review*, qui caractérisent les modes managériales comme étant simples, prescriptives, faussement encourageantes, à prétentions universelles, et faciles à reproduire.
[34] Voir: Micklethwait et Wooldridge (1996), p. 23-60, qui expliquent que si les résultats à l'implantation des techniques en question donnent lieu à des succès relatifs, ceux des promoteurs de l'industrie qui les produisent, eux, sont particulièrement éclatants.

agement fashions" because they are adopted, in many cases, with no assurances that they will be effective.[35]»

Ce courant repose en partie sur l'idée que les organisations ne font pas ce qu'elles prétendent faire, et que les organisations n'agissent pas qu'à partir de motifs rationnels et instrumentaux. À la suite des études de Hawthorne[36], où l'on constate que les mécanismes bureaucratiques formels sont insuffisants pour rendre compte de ce qui se passe dans les organisations et, par extension, que ceux-ci sont devenus des prétextes à différentes manifestations d'irrationalités, jeux de pouvoirs, et rituels symboliques, on considère moins le management comme des innovations techniques répondant à un besoin précis, une façon efficace de régler un problème, ou une voie permettant d'atteindre des objectifs formels, que comme une manière, pour les organisations, d'acquérir une légitimité sociale[37]. En effet, ce courant:

> «*Reflects a growing disenchantement with theories that portray efficiency as the driving force behind decision making or that treat variations in formal structure as rational adaptations to technical and environmental conditions.*[38]»

Donc, le management devient une suite de modes, qui ne sont plus utilisées en premier lieu pour agir en vue d'une meilleure efficacité, mais par ce qu'elles permettent de légitimation et de réputation institutionnelle. Sous-tendu par des phénomènes de mimétisme institutionnel[39], le management dont ses «gourous» font la promotion devient

---

[35] Voir: Spell (2001), p. 358.
[36] Voir: Gillespie (1991).
[37] Voir: Alvarez (1998).
[38] Voir: Barley et Tolbert (1997), p. 93.
[39] Voir: Haunschild et Miner (1997); Hasselbladh et Kallinikos (2000). Mimétisme qui peut être lucratif pour les dirigeants des entreprises qui emploient ces techniques populaires: Staw et Epstein (2000).

ainsi un phénomène dont il s'agit se méfier, dans un souci de rigueur scientifique:

> «*By taking a more skeptical stance, organizational research-ers could impede the diffusion of doubtful management tech-niques, while speeding the acceptance of practices that are based on sound research data. [...] we believe that increasing demand for accumulated knowledge, as opposed to providing yet another set of solutions, constitutes one of the few ways researchers may be able to dampen fashion cycles in man-agement.*[40]»

Le doute sceptique ouvrant à la critique, celle-ci émerge du domaine journalistique mais aussi académique, qu'un auteur décline en trois volets:

> «*The critical offensive has tended to focus on three main con-cerns: the intellectually impoverished quality of the gurus' thinking, the gap between the promise and practice when the gurus' ideas are implemented, and the relatively poor manner in which organizations have used these ideas.*[41]»

Après le constat de popularité massive et de désaveu manifeste, l'examen de ce type de savoirs populaires a conduit certains universitaires à décortiquer les contenus et procédés discursifs et argumentaires qui caractérisent ces idées afin d'identifier ce qu'elles véhiculent pour avoir autant de succès auprès d'un vaste lectorat. Par cette ap-proche analytique, le management s'inscrit donc comme le produit du travail de gourous, faisant la promotion des modes, qui persuadent nombre de gestionnaires[42]:

> «*These diverse writings which together constitute guru theory include the thoughts of well-known chief executives such as Lee Iacocca, Harold Geneen, John Harvey-Jones and John Scully; of management consultants like Tom Peters and Philip*

---

[40] Voir: Staw et Epstein (2000), p. 533.
[41] Voir: Jackson (2001), p. 16, qui procède à une recension de quelques-unes de ces critiques.
[42] Voir: Jackson (1996); Furusten (1998).

Le management

*Crosby; and of modern business school academics like Mi-
chael Porter, Rosabeth Moss Kanter, Henry Mintzberg and
Kenneth Blanchard. Since they are so diverse and since they
draw so much of their authority from the Idea developers
themselves, it was felt that guru theory was an appropriate
label* [43]»

Jointe aux talents d'orateurs et au charisme des auteurs
à succès, cette rhétorique caractériserait l'essentiel des
contenus du management, ce qui fournit l'explication de la
réussite commerciale de ce genre de démarche. Par ailleurs,
ceci se double d'une forme de mise en scène mythique ou
symbolique[44]. Les gourous construisant une communauté
rhétorique, avec des gentils et des méchants, des héros, des
émotions et des attitudes, ce qui permet ainsi une forme de
restauration du bon vieux temps, etc. Ce type d'analyse
propose d'emblée que les gourous n'établissent pas un
savoir expert formel faisant autorité, mais manipulent des
symboles d'expertise et des symboles d'autorité, par lesquels le manager n'est pas qu'un réceptacle passif de ce
que proposent les gourous[45]. Dans cette perspective et
compte tenu du succès de la théâtralité des opérations rhétoriques en question, un des chercheurs du domaine invite
même à y participer :

«*As we [social scientists] demystify the rhetoric of the management gurus, we can selectively learn from that rhetoric
how to make our accounts more plausible to the audience of
practicing managers who need to hear what we have to say.
In this way we can take our place with the others at curtain
call.* [46]»

Ce second ensemble de recherches qualifie cependant
globalement le management de «modes», pour réitérer le

---

[43] Voir: Huczynski (1996), p. 4-5.
[44] Voir: Jackson (2001).
[45] Voir: Clark et Salaman (1998), p. 157.
[46] Voir: Jackson (2001), p. 179.

caractère relativement convenu d'un phénomène qui donne prise à une lecture sociopsychologique plutôt méfiante envers les techniques de gestion. Témoignant à tout le moins de succès en librairie, il peut paraître curieux qu'on assimile ces techniques managériales particulièrement populaires presque uniquement à des modes huilées de contenus rhétoriques et manipulatoires. Pourtant, le scientifique de la gestion se préoccupant aussi de pertinence de la recherche universitaire et se voulant imperméable aux modes, peut considérer que:

> «*Too often, in my view, relevance is equated with the pursuit of fads. Just as I believe basic research and good theory may be relevant, I also assert that scrambling to shovel data on passing fads is worse than irrelevant. [...] The march to relevance should be an advance to richness and realism, not a retreat from rigor.*[47]»

Dès lors, il peut aisément être envisagé d'autres explications de ce qu'est le management, ce que proposent les travaux académiques spécialisés.

Le management est une variable dépendante ou indépendante

Un troisième courant d'écrits savants propose donc une série de réponses à notre interrogation de départ. Dans la lignée d'un classique du genre[48], ces écrits spécialisés positionnent le management comme une variable prenant place dans des équations à teneur financière ou sociale. Un premier ensemble de travaux tente ainsi de mathématiser la relation de détermination qu'il peut y avoir entre le management et la performance financière d'une entreprise. Un second groupe de publications, sans nécessairement passer

---

[47] Voir: Aldag (1997), p. 12 et 15.
[48] Voir: March et Simon (1969), à propos des organisations.

à la mise en symboles mathématiques que sa mise en équation réclamerait, en privilégie néanmoins le principe opératoire; celui-ci envisage le management comme étant fonction d'autres variables indépendantes, ou y voit une variable indépendante explicative d'autres construits socio-institutionnels. Ces deux manières de voir le management sont brièvement illustrées ci-dessous.

La fonction financière

Des pans de recherches académiques réfléchissent ainsi le management principalement à partir de théories économiques de l'organisation[49], en ayant pour préoccupation l'identification des variables organisationnelles conduisant à la performance financière d'une entreprise. La juxtaposition de variables et leurs corrélations éventuellement statistiquement significatives servent de support méthodologique à une mise en équation dans laquelle la performance financière est fonction d'autres facteurs. Le management est ainsi une des variables indépendantes d'une équation par laquelle la performance financière d'une entreprise est notamment fonction. des managers, des stratégies des firmes et de l'adéquation structure-stratégie-environnement.

Le premier terme de l'équation fait référence aux types de managers qui font ou non varier les résultats financiers d'une entreprise. Le programme de recherche s'annonce ainsi comme suit:

> «*Theorists in various fields have discussed characteristics of top managers. [...] The theory states that organizational outcomes – strategic choices and performance levels – are partially predicted by managerial background characteristics.*[50]»

---

[49] Voir: Perrow (1986) et Coeurderoy et Quélin (1998) à propos des théories de l'agence et des coûts de transactions.
[50] Voir: Hambrick et Mason (1984), p. 193.

Le management

Leurs caractéristiques sociodémographiques, professionnelles ou affectives, leurs types de leadership[51], ainsi
que nombre de variables motivationnelles et cognitives[52]
sont disséqués dans cette optique. Ainsi, les relations
conduisant à la performance financière des entreprises
peuvent faire intervenir des variables démographiques
caractérisant les managers[53]. Corrélativement, les incitatifs
financiers que l'on octroie aux gestionnaires deviennent
aussi une variable à mettre en relation avec l'action des
managers.[54] Outre les variables sociodémographiques et
financières, les traits de personnalité, l'affectivité et les
émotions des gestionnaires ne sont pas en reste dans
l'équation de la performance financière[55]. Finalement, la
performance variant à l'occasion, les hauts dirigeants s'en
voient parfois remerciés[56] et les variables stratégiques et
environnementales sont davantage mises en relief.

Le second terme de la mise en fonction financière jux-
tapose des variables stratégiques susceptibles de mener à la
performance d'une firme. Ces éléments font donc intervenir le management non seulement comme arbitre de choix
stratégiques,[57] mais aussi comme «*an additional 'linkage',
conceptual at this stage, that might help our understanding
of the crucial connection between diversity and performance*[58]». En outre, le succès d'une stratégie dépend des res-
sources de la firme, comprenant, entre autres, ses «actifs
humains»[59], dont il s'agit de maximiser l'utilisation[60]. Par

---

[51] Voir: Waldman et Yammarino (1999).
[52] Voir: O'Reilly et Chatman (1994), p. 603.
[53] Voir: Hambrick, *et al.* (1996).
[54] Voir: Westphal et Zajac (1998); Wiseman et Gomez-Mejia (1998); Westphal (1998).
[55] Voir: Staw et Barsade (1993), p. 304; Barsade, *et al.* (2000).
[56] Voir: Boeker (1992).
[57] Voir: Child (1972).
[58] Voir: Prahalad et Bettis (1986), p. 485.
[59] Voir: Coff (1997).
[60] Voir: Wernerfelt (1984); Wernerfelt (1995).

22

ailleurs, l'accent est parfois mis sur les firmes multinationales, où l'on prend en compte des modèles qui font intervenir: «[...] *variables such as culture and cooperation between firms* [...] [61]». Puis, en insistant sur les firmes opérant dans divers secteurs, la croissance de celles-ci fait entrer les activités du siège social dans l'équation.[62] À cela peuvent s'ajouter les avantages et inconvénients comparés des structures des firmes où les managers opèrent[63]. Incorporant les structures et l'environnement dans lesquels la stratégie de gestion se déploie, il s'agit de tenir compte du «poids combiné de ces cinq forces [qui] détermine la capacité des firmes dans un secteur donné à obtenir un taux de rendement de l'investissement qui dépasse en moyenne le coût du capital[64]». Dès lors que les contraintes imposées par le marché deviennent un facteur déterminant la performance, on examine, dans cette optique, une stratégie caractérisant une position concurrentielle, mais également les adéquations structure-stratégie environnement. Ainsi, le troisième terme de l'équation, rejoignant le second, se situe dans la veine de l'adaptation aux contraintes diverses et de l'adéquation structure / stratégie / environnement. Le management se décline ici en autant de variables qu'il peut y avoir de positions relatives, compte tenu des différences de clientèles, d'industries, de types d'organisations, etc. Dix archétypes peuvent être différenciés par:

> «*a listing of the thirty-one variables and definitions which served as the focus for the research. Variables were chosen to collectively describe the process by which an organization adapts to its environment. That is, it was necessary to describe elements of the stimulus setting or environment, the structural/organizational attributes of the firm, the response*

---

[61] Voir: Buckley (1991), p. 7.
[62] Voir: Chandler (1991), p. 31.
[63] Voir: Hedlund (1994); Ghoshal et Bartlett (1990).
[64] Voir: Porter (1986), p. 15.

or strategy-making repertoire which is used, and the resultant
success or failure of the organization to survive or adapt [65]»

Pour la portion d'adéquation structure-stratégie, nombre de variables conduisent à identifier des configurations mettant en relation les deux pans de l'équation[66], tandis que le lien d'adéquation stratégie-environnement fait l'objet de recherches dont l'une d'elles récapitule: «*Results* [...] *strongly support the proposition of a positive performance impact of environment-strategy coalignement.*[67]»

Le management apparaît ainsi comme une variable surtout indépendante dans l'équation économique du résultat financier. Devant les limites habituellement apportées aux postulats et aux méthodes des approches économiques, doublées du souci de ne pas réduire le monde à sa financiarisation, le management devient une variable parfois dépendante, parfois indépendante, dans la fonction sociale de l'ordre sociologique.

La fonction sociale

Principalement soutenu par les courants théoriques qu'il est devenu convenu de regrouper sous l'appellation de structuro-fonctionnalisme[68], nourrissant un certain déterminisme sociologique[69] qui a engendré nombre de débats paradigmatiques dans le domaine des théories des organisations[70], un second courant de littérature pose le management comme la résultante sinon déterminée, du moins corrélée à d'autres facteurs sociaux. Les grands termes de l'équation sociale peuvent s'envisager en caractérisant le

[65] Voir: Miller et Friesen (1977), p. 255.
[66] Voir: Miller (1986); Miller (1996).
[67] Voir: Venkatraman et Prescott (1990), p. 1.
[68] Voir: Herman (1994), p. 62-83; Martucelli (1999), p. 67-108.
[69] Voir: Boudon (1993), p. 187-252.
[70] Voir: Burrell et Morgan (2000); Hassard (1988); Gioia et Pitre (1990); Jackson et Carter (1991); Jackson et Carter (1993); Willmott (1993a); Willmott (1993b).

management comme étant fonction de: cultures, institutions, représentations, temporalité, facteurs divers, et de lui-même.

Ainsi, le management, les organisations et les théories qui les discutent sont différenciés selon les cultures. Modulables en variables nationales et organisationnelles, ces dernières déterminent à des degrés divers les façons de gérer:

> «*Culture influences [...] categorization by determining the nature of schema prototypes, the constraint values associated with those prototypes and the criticality of individual characteristics in determining wheter a person or situation is placed into a particular category [...] the basic structure and organization of leader and employee-related categories. [...]* [71]»

Caractérisant symboliquement les situations de gestion, et se maintenant ou évoluant par des processus divers[72], la culture se fait, par là, organisationnelle, et entraîne une certaine idéologie corporative dont le manager devient, par cet ancrage, l'une des courroies de transmission[73]. Ces cultures sont cristallisées dans des ensembles institutionnalisés qui influencent les organisations et leur gestion:

> «*Institutional theories of organization provide a rich, complex view of organizations. In these theories, organizations are influenced by normative pressures, sometimes arising from external sources such as the state, other times arising from within the organization itself.* [74]»

Dans cette veine, et rejoignant parfois la lecture que l'on fait du management comme une mode, les institutions véhiculent attentes et injonctions techniques[75] ainsi que

---

[71] Voir: Shaw (1990), p. 635 et 638; Hofstede (1996).
[72] Voir: Gagliardi (1986); Hatch (1993).
[73] Voir: Kamoche (2000).
[74] Voir: Zucker (1987), p. 443.
[75] Voir: Abrahamson et Fairchild (1999).

valeurs, symboles et normes de comportements[76], dont sont
fonctions certains isomorphismes organisationnels[77]. Les
dynamiques institutionnelles deviennent, pour ces courants
de littérature, le vecteur principal de compréhension à
partir duquel appréhender le management. Celui-ci y est
défini comme une composante de l'adaptation des organisations aux pressions institutionnelles[78], ou le résultat
d'une sélection organisationnelle et environnementale:

> «*To analyse [exchange processes between the organism, or
> organization, and elements in its environment] an additional
> concept is needed – the causal texture of the environment
> [processes in the environment itself which are among the de-
> termining conditions of the exchanges].*[79]»

Adaptation ou sélection se partagent ainsi la représentation que l'on peut se faire, d'ailleurs pas tant du management que des organisations. Les distinctions propres à ces
courants théoriques font donc intervenir différentes variables, pondérant l'importance relative des unes par rapport
aux autres. Le management y est tenu pour compris comme
faisant partie des organisations, qui elles-mêmes font partie
d'un environnement, autour desquelles et par lesquelles
certains facteurs déterminants peuvent varier[80]. Enfin, les
institutions peuvent être vues comme résultantes fonction-
nelles des activités managériales, rejoignant par là, en partie, le facteur «stratégie» de l'équation financière, ce qui
s'explique par la mise en œuvre de libertés de choix et
d'action déterminées[81]. En outre, puisque les approches

---

[76] Voir: Meyer et Rowan (1977); Haunschild et Miner (1997); Mazza et Alvarez (2000).
[77] Voir: DiMaggio et Powell (1983).
[78] Voir: Pfeffer et Salancik (1977); Hrebiniak et Joyce (1985).
[79] Voir: Emery et Trist (1965), p. 22; Evan (1966); Aldrich et Pfeffer (1976).
[80] Voir: Hannan et Freeman (1977), p. 937; Hannan et Freeman (1984); Burgelman (1991).
[81] Voir: Miles, et al. (1978), p. 548; Child (1972); Oliver (1988); Oliver (1991); Abrahamson (1991).

culturelles et institutionnelles prennent pour objet des phénomènes complexes qu'il est illusoire de vouloir saisir objectivement et en totalité[82], un autre terme de l'équation sociale met l'accent sur les représentations cognitives ou symboliques par lesquelles les gestionnaires et chercheurs comprennent, imaginent ou établissent leurs réalités.[83] Ce faisant, le management dépend principalement des représentations par lesquelles les gestionnaires interprètent, alors que les organisations deviennent des lieux de compréhensions métaphoriques[84], par et pour lesquelles le manager devient un pourvoyeur de sens ou de vision[85]. Par ailleurs, afin de conceptualiser les caractères synchronique et diachronique de l'action managériale, un dernier terme de l'équation sociale consiste à mettre en relief sa dimension temporelle, en insistant particulièrement sur le caractère processuel[86] des changements dont on fait à la fois la variable dépendante et le vecteur. Recoupant partiellement certaines des analyses institutionnelles ou voyant dans le management une régularité chronologique, ce dernier est donc tributaire d'une dynamique temporelle[87] qu'il contribue cependant parfois également à produire[88]. À l'occasion, des réflexions sociopsychologiquement informées de l'organisation la multiplient par elle-même, et élèvent en quelque sorte l'équation au carré[89].

Or, si les propositions explicatives raffinent l'examen des raisons, des contextes, et des déterminations par les-

---

[82] Voir: Astley et Van de Ven (1983); Astley (1985).

[83] Voir: Daft et Weick (1984), p. 284; Weick (1989); Daft et Lewin (1990).

[84] Voir: Morgan (1980); Isabella (1990); Tsoukas (1993).

[85] Voir: Westley et Mintzberg (1989); Czarniawska-Joerges et Wolff (1991); Gioia et Chittipeddi (1991).

[86] Voir: Pettigrew (1992); Van de Ven (1992).

[87] Voir: Hannan et Freeman (1984); Tushman et Romanelli (1985).

[88] Voir: Greenwood et Hinings (1988); Johnson (1988); Barr, et al. (1992); Hardy (1995); Rajagopalan et Spreitzer (1996).

[89] Voir: Barley et Tolbert (1997); Hardy et Clegg (1997); Weick (1999).

quels le management se déploie, nourrissant ainsi des pistes permettant de préciser le schéma socio-économique de son développement, elles restent limitées quant à la documentation du phénomène lui-même. En effet, cette seconde série d'équations met bien davantage l'accent sur les organisations que sur le management en tant que tel. Il s'ensuit une compréhension du management vidée des idées qui en constitueraient le contenu, mais riche de déterminations financières et institutionnelles trouvant des sources d'explications par les variations d'une multitude de facteurs. Cette montée en puissance de ce qu'il convient de qualifier d'«empirisme abstrait» ouvre, en quelque sorte, le chemin à sa contrepartie, à savoir la description d'expériences vécues.

Le management
est une expérience vécue

Dès lors, devant la juxtaposition de centaines de variables plus ou moins fortement corrélées, au terme de l'analyse desquelles le management apparaît plus aride que jamais, il n'est pas inutile de rappeler qu'il s'agit d'abord d'une pratique vécue:

> «Lorsqu'on interroge un professionnel «plein d'expérience» sur ce qui fait son aisance et son coup d'œil dans la complexité des situations actuelles, il invoque une forme d'habitude qui serait le résultat d'une accumulation d'épreuves personnelles toutes différentes qui n'ont produit aucune recette au sens strict, mais qui ont forgé une attitude particulière dans le champ d'action qui est le sien.[90]»

Dans cette veine et en forçant un peu le trait, qui saurait mieux dire ce qu'est le management que ceux et celles qui ont l'expérience de ce travail?[91]

---

[90] Voir: Mucchielli (1987), p. 5, cité dans Mesny (2003), p. 3.
[91] Voir: Walter (1995); Akin (2000a); Akin (2000b); Jermier et Domagalski (2000).

«La gestion est une question de contexte et d'historicité, nous
l'avons dit. Ce sont bien davantage les leaders et les organisations qui font l'histoire que les théoriciens qui les observent et
en commentent les comportements et les résultats.[92]»

C'est ainsi que se produisent des biographies et auto-
biographies des grands du monde des affaires, exposant de
notoires faits d'armes entrepreneuriaux ou commerciaux.
Destinés à un lectorat plus restreint, quelques écrits académiques présentent également des histoires de compagnies à
succès, mais également d'échecs notables[93], des expériences vécues de gestionnaires vedettes tout autant que la
pratique de gestionnaires ordinaires. Employées à des fins
de formation à la gestion, ces histoires deviennent «[...] *a
selection of cases that can assist young men preparing for
their first step up the ladder to top management.*[94]». Dans
cette veine, relevant divers défis colligés comme autant de
pratiques vécues, l'action managériale au quotidien constitue ainsi une base de discussion à partir de laquelle on peut
vouloir tirer des leçons[95].

«La prépondérance est accordée à la pratique elle-même, à
l'étude rigoureuse du phénomène, où l'on examine, cas par
cas, l'intelligence de l'action des individus qui réussissent (ou
qui échouent), en se faisant un devoir d'analyser ce qui se
passe en réalité, dans la vraie vie, et d'en tirer des orienta-
tions, des positions personnelles et des synthèses nouvelles
qui peuvent être mises à contribution dans ses propres pratiques.[96]»

C'est ainsi que le management se raconte comme expériences vécues, se voulant dégagées de tout *a priori* théorique, et retournant à l'essentiel idiosyncrasique mis en

---

[92] Voir: Lapierre (2005), p. 12.
[93] Voir: DeLisi (1998).
[94] Voir: Smith, *et al.* (1968), p. ix.
[95] Voir: Svenson, *et al.* (1966).
[96] Voir: Lapierre (2005) p.12.

contexte par une narration susceptible de faire valoir la richesse de réalités que les approches précédentes ne permettent pas de saisir. Le management devient, par cette lorgnette, une multitude d'expériences particulières mises en récits.

Les quatre approches présentées appréhendent donc le management comme étant, tour à tour, des processus techniques, des rhétoriques à la mode, des facteurs multivariés, et des expériences racontées. Cet état des lieux, tout partiel et partial qu'il puisse être, permet cependant de proposer une réflexion susceptible d'en discuter la portée ainsi que certaines des limites.

Chapitre 2

LE MANAGEMENT
COMME SAVOIR

La recension des écrits qui précède ouvre ainsi à plusieurs débats, à partir desquels il est possible de relever quelques limites de cette recension, et par conséquent de positionner le management comme savoir.

Une première des limites évoquées a trait au caractère concrètement réaliste de la narration d'expériences vécues dont les histoires ainsi racontées se réclament. Se voulant dégagées de toutes considérations théoriques entre autres raisons puisque le management est affaires de pratiques, l'option consiste à s'en remettre à une documentation détaillée des réalités ainsi mises en scène pour ne déclarer d'autres visées ni postulats que ceux d'en faire une narration aussi proche du réel que possible. Il est admis à l'occasion que l'a-théorique dont on se réclame parfois ne peut être que théorique, mais sans davantage de détails. Or, accaparer le réel vécu pour y assimiler le management constitue précisément une prise de position théorique qui ne va pas nécessairement de soi. En effet, ce que cette caractérisation du management permet de faire valoir, par la part d'action incarnant la gestion comme expérience effective, est la diversité des contextes de pratiques. Mais au-delà de la collection de cas particuliers, est-il possible de repérer des points communs qui seraient susceptibles d'inspirer l'esquisse de quelques généralités?

C'est, entre autres, à cette question que l'on tente de répondre lorsque l'on envisage le management comme variable dépendante ou indépendante de fonctions financières ou sociales. Or, si ces approches ont le mérite de proposer des manières d'expliquer l'objet, elles réduisent corrélativement le management à une série de déterminismes économiques ou sociologiques. Aux côtés des débats visant à remettre en cause positivisme logique, rationalisme économique et structuro-fonctionnalisme, ces approches sont doublement problématiques. D'une part, les angles explicatifs généralement mobilisés pour expliquer le management sont tributaires d'approches disciplinaires qui n'ont pas pour objet premier le management, mais plutôt la firme et le marché, puis l'organisation et la société. Dès lors, le management peut n'être qu'un objet secondaire quand il n'est pas simplement évacué. D'autre part, ces explications mobilisent nombre de déterminants expliquant un phénomène qui, n'étant pas posé comme tel, est rarement caractérisé en propre, et dont on sait finalement peu de choses, si ce n'est qu'il varie, qu'il est déterminé et parfois déterminant. Dans cette veine, étudier le management consiste à mettre en relief et en concurrence les registres explicatifs d'un management mis entre parenthèses, car expurgé des idées qu'il développe et qui contribuent à le définir.

À partir de cet état des lieux, une troisième limite donnant suite à la restriction évoquée ci-dessus peut être relevée. Le vide de contenus explicites de la perspective précédente peut être comblé par un ensemble de savoirs rhétoriques, manipulatoires, évanescents, simplistes et banals, dont il s'agit de se préserver et qu'il est de relativement bon ton de critiquer, en commençant par les considérer comme des modes, avec ce que cela implique généralement de péjoratif[97]. Or, il peut convenir de remarquer que les critiques émanent souvent d'universitaires jaugeant épistémologiquement ces savoirs à l'aune de critères méthodologiques habituellement employés à définir ce que l'on qualifie de connaissances scientifiques ou philosophiques. De plus, si l'on instruit une hiérarchie entre savoirs populaires et savoirs académiques, plus rarement accepte-t-on de théoriser ce que la critique académique produit comme n'étant qu'une forme de rhétorique soumise elle-même à des effets de modes[98]. En outre, à première vue, ni l'accès à l'objective et neutre vérité, ni l'atteinte d'une sage contemplation ou compréhension du monde ne semblent l'ambition affichée de l'action managériale. Il paraît ainsi possible de se questionner sur la pertinence d'en dénoncer les contenus à l'aune de critères développés pour juger de la validité d'autres genres de savoirs, ce qui ouvre à un questionnement épistémologique.

En effet, autour du management, la discussion est régulièrement polarisée entre ceux qui cherchent à comprendre le management, les universitaires de la gestion, et ceux qui agissent le management, les gestionnaires. Par extension se trouveraient d'un côté ceux qui savent, et de l'autre ceux qui agissent. Moyennant une double abstraction, le management reposerait ainsi sur deux registres théoriques, que l'on peut dans un premier temps distinguer: d'un côté, le savoir, de l'autre l'action. Or, puisque ce savoir est aussi une connaissance portant sur l'action, il s'agirait alors d'articuler connaissance et action. Afin de considérer la gestion en ce qu'elle est porteuse d'idées, de notions et de concepts particuliers, la question «qu'est le management?»

---

[97] Voir: Lipovetsky (1994).
[98] Voir: Thomas (1999), p. 158-204, qui étaye empiriquement des effets de mode entourant les publications, entre autres, académiques en management.

peut se reformuler en la problématisant dans les termes suivants: «qu'est-ce que le savoir en management?». Par conséquent, et dès lors que le management peut être envisagé par une double lecture l'informant en termes de connaissance et d'action, les champs théoriques correspondants convoqués à l'étude du management deviennent respectivement ceux de l'épistémologie[99] et des théories de l'action[100]. Les ancrages particuliers mobilisés au sein de ces champs sont néanmoins partiellement tributaires de la problématisation qu'ils portent, ce qui implique l'articulation d'options comportant un certain nombre de postulats demandant à être précisés.

En effet, cette double lecture (d'action et de connaissance) ne va pas de soi. Puisque le domaine est fréquemment polarisé par ce qui prend, à l'occasion, des allures de rubicond cognitif et affectif entre ceux qui agissent la gestion et ceux qui la réfléchissent, des deux côtés de la pièce management, les regards peuvent se croiser, se toiser ou s'ignorer, mais en tous les cas se teintent des couleurs des bannières de ceux qui les portent. Les gestionnaires, d'un côté, et les universitaires, de l'autre, se témoignent un intérêt ou une indifférence mutuelle en se campant volontiers sur la «concrétude» des impératifs pratiques pour les premiers et sur les théorisations abstraites des recherches académiques pour les seconds.

Pourtant, au niveau des contenus conceptuels de ce que le management développe comme savoirs, les deux catégories d'acteurs risqueraient de s'accorder à l'idée que ceux-

---

[99] Parfois entendue comme branche d'une philosophie des sciences s'attachant à poser les critères de ce qui distingue la science de la non-science (Voir: Lalande (1999), p. 293-294 et Nadeau (1999), p. 209.), l'épistémologie comprend ici d'autres méthodes que l'analyse formalisante et inclut des théories de la connaissance internes et dérivées de champs particuliers, ne reposant donc pas sur la seule caractérisation de l'objet. Voir: Piaget (1967), p. 62-132 et 1225-1246; Cohen (1989); Martinet (1990); Audet et Déry (1996).
[100] Voir: Herman (1994); p. 101-126; Rocher (1992), p. 9-35; Gnassounou (2007).

ci s'actualisent sous forme de problématiques. En effet, à travers les différentes fonctions d'entreprise, sur lesquelles se sont calquées les spécialisations académiques que l'on retrouve sous le kaléidoscopique parapluie de ce que l'on entend par «gestion», la recherche d'un caractère générique communément accepté pourrait tendre à poser le constat qu'au regard du management, le monde fait problème, et qu'il convient, pour y intervenir, de construire à son propos des connaissances et de mettre en œuvre des règles. Quels que puissent être la nature de ces problématiques, leurs tenants, aboutissants et ramifications, un postulat opératoire à partir duquel une caractérisation du management peut être posée est celui qui reconnaît qu'étant donnée la définition usuelle d'une problématique, la gestion problématise *de facto* ce qu'elle appréhende et envisage, qu'il y ait objectivement ou non problème à résoudre[101]. Dès lors, si l'on s'accordait à admettre que les contenus des savoirs en management traduisent des problématiques de management, il n'y aurait alors, en quelque sorte, plus de problèmes. Cela dit, il importe de préciser davantage.

À cette fin, le principal postulat sur lequel s'appuie le développement théorique employé ici réside dans le caractère indissociable et mutuellement structurant de la connaissance et de l'action: connaître implique des actions tout autant qu'agir implique des connaissances. On ne peut comprendre une action humaine qui serait exempte de connaissances, parce que l'action elle-même est constitutive des connaissances qu'elle mobilise et qui, en retour, l'orientent. Que celles-ci soient conscientes, inconscientes, latentes, rationnelles, symboliques, irrationnelles, formalisées, enfouies, déraisonnables, dissimulées, verbalisées ou tacites, l'action implique nécessairement sa part de connaissances.

---

[101] Voir: Landry (1995).

Symétriquement, le principe du développement des connaissances implique qu'il faille agir pour connaître; c'est-à-dire qu'en agissant des coordinations et des tâtonnements sensoriels, moteurs et cognitifs, la connaissance s'organise et organise l'action en retour. Cette imbrication de l'action et de la connaissance vaut pour la psychogenèse des connaissances se développant et se cristallisant par abstraction réfléchissante en cours d'action[102]; elle peut en outre être transposée aux plans interindividuel et collectif par réflexivité et double herméneutique, par lesquelles se caractérisent les sociétés modernes contemporaines[103]. Connaître et agir vont dès lors de pair et se structurent mutuellement, l'action articulant la connaissance et la connaissance articulant l'action.

Il est ainsi envisagé que si l'universitaire de la gestion articule sa pratique en un développement des connaissances relatives au management, cette activité puisse impliquer sa nécessaire part d'action. De façon correspondante, si l'activité du gestionnaire ne consiste pas à expliciter des connaissances, mais à agir la gestion, la contrepartie à ce qui précède consiste à rétrocéder l'idée que cette action mette en jeu et en œuvre des connaissances. Le développement de cette piste de réflexion fait l'objet des chapitres subséquents. Le suivant examine différents types de règles d'action ainsi que les rationalités qui les fondent, tandis que le quatrième chapitre détaille les domaines épistémologiques ancrant le management parmi différentes sciences

---

[102] Voir: Piaget (1996), p. 11-75.
[103] La réflexivité exprime une coordination de l'acteur sur lui-même par une connaissance qui ne réclame pas d'être réfléchie ni verbalisée comme telle pour être effective, mais ouvre à ce qui peut être reconnu comme compétences dans l'action, indépendamment de l'explicitation et des réflexions que peut en établir son auteur. Institutionnalisée à l'échelle collective organisée, la réflexivité prend la forme d'une double herméneutique par laquelle la connaissance produite en cours d'action collective modifie ou reproduit la structuration qui permet et contraint le développement de cette action. Voir: Giddens (1987), p. 21-88 et 219-256 et Giddens (1994).

et autant de projets de connaissance. Donc, afin de proposer une réponse à la question «qu'est-ce que le savoir en management?», un premier temps balise un cadre articulé par les théories de l'action, particulièrement en ce que celles-ci reconnaissent le management comme étant caractérisé par différents registres de règles qui le constituent. Un second temps délimite des espaces cognitifs épistémologiques par lesquels la connaissance peut être entrevue, pour en dégager une option particulière permettant de camper le management comme constitutif de projets de connaissance différenciés.

Chapitre 3

L'ACTION:
RATIONALITÉS ET RÈGLES

Logé aux théories de l'action, dont une des particularités postulées est de reconnaître explicitement l'intention dans l'activité humaine[104], le management s'actualise, pour partie, par ce que désigne «l'orientation normative de l'action», c'est-à-dire dans le constat selon lequel l'action est normée[105]. Étant donné les limites accolées au cadre duquel découle cette assertion[106], parfois doublées de l'intégration d'une norme diffuse convenant de manifester son détachement à l'égard des normes, une atténuation théorique poursuivant une notion similaire renvoie à l'idée selon laquelle toute action met en jeu et en œuvre des règles.

Cette atténuation traduit, d'une part, une certaine neutralité des règles par rapport aux normes, les règles admettant une articulation opératoire qui ne recoupe qu'en partie le caractère d'obligation (respectée ou non) que l'on prête aux normes[107]. Les règles peuvent donc impliquer une

---

[104] Voir: Schueler (2003), p. 1-87.
[105] Voir: Rocher (1992), p. 37-67 et Crozier et Friedberg (1977), 12-127.
[106] Voir: Martucelli (1999), p. 67-108 à propos de la sociologie parsonienne; Touraine (1999), p. 46-106 avec une théorie de l'action faisant intervenir des acteurs; et Turner (1988), p. 102-117 avec une théorie de l'action mettant en jeu des acteurs en interactions.
[107] Voir: Opp (2001).

imbrication matériellement ou logiquement nécessaire - ce qui n'est pas le cas d'une norme - tout autant que le fait de ne pas être positionnées par rapport à une normativité qui obligerait l'action à la manière d'une disposition légale ou d'un règlement administratif. D'autre part, l'atténuation dont il est question exprime l'idée selon laquelle le caractère réglé de l'action n'est pas synonyme de vecteur de conformité ni d'insubordination envers ce qui peut être pensé comme étant l'ordre social, que ce dernier soit à conserver ou à révolutionner. Ainsi, hormis les critiques apportées à la totalité surplombante que ses éléments auraient pour raison d'être de faire fonctionner, les règles peuvent se poser comme étant au premier abord relativement dissociables de préférences morales par rapport à ce que devrait être la société. En effet, et contrairement aux normes dont il est question ci-dessus, les règles d'action ne renforcent une normativité morale qu'implicitement, et n'établissent, par ailleurs, pas de préférences relatives à ce que ni le normal ni l'anormal peuvent avoir de normatif.

Donc, envisager le management comme action appelle à se doter d'une lecture de ce qui caractérise celle-ci, c'est-à-dire à reconnaître et à regrouper les agencements de règles qui l'habilitent, la guident, l'obligent, la prohibent, la contraignent, la structurent, l'orientent, et la constituent. Pour ce faire et être à même de distinguer différents types de règles, diverses logiques d'action peuvent être abordées par ce qui en autorise une définition et une compréhension, c'est-à-dire les types d'ordres qui les fondent. Les rationalités invoquées et/ou mobilisées à l'appui d'actions passées, actuelles ou projetées, établissent un point d'appui compréhensible de leur rendu, à la fois par les acteurs eux-mêmes dans leur rapport à leur propre action, mais aussi par rapport aux raisons prêtées à l'action d'autrui. Dans les deux cas, sans pour autant que les raisons identifiées ne concordent nécessairement entre l'acteur et l'observateur, ni que celles qui sont mobilisées n'évacuent la possibilité d'une rationalisation discursive, différentes rationalités invoquées à l'appui et au fondement des règles d'action sont repérables. Moyennant une extension de la définition courante de la rationalité (adéquation des moyens aux fins), il peut être reconnu différentes raisons et rationalités d'action[108], et partant, autant d'idéaltypes de règles d'action.

Comme le précise le tableau 1, la caractérisation des règles d'action appelle une première distinction selon laquelle l'action et ses règles sont fondées sur l'exercice délibéré de la raison humaine, ou font intervenir des régularités implicites. Dans le premier cas, à partir de rationalités instrumentales et axiologiques, est entrevue une action réglée parce que réfléchie et porteuse d'intentions par les acteurs. Dans le second, l'action est posée comme le lieu de rationalités traditionnelles et déterminantes, donc régulée par des règles tacitement mises en œuvre par les acteurs.

Règles d'action	Action délibérément réfléchie		Action régulée «tacitement»	
	Instrumentale	Axiologique	Conventionnelle	Déterminante
	↕	↕	↕	↕
Ordres	Raison	Bien	Tradition	Nature

Tableau 1: Ordres et règles d'action

Règle instrumentale

À partir de Weber, on peut distinguer deux principaux types de rationalités (en finalité et en valeur), caractérisant

---

[108] Voir: Mortimore (1976) et Boudon et Bourricaud (1982) qui synthétisent des extensions de la notion de rationalité aux côtés de l'adéquation des moyens aux fins.

deux registres d'action distincts, dont le point commun les regroupant est d'être le produit conscient et délibéré de la réflexion de l'acteur. L'action est dans ces deux cas réglée rationnellement parce que réfléchie, c'est-à-dire consciemment élaborée par l'acteur qui établit des préférences relatives à l'articulation, au déroulement et à la finalité de son action. Le premier type oriente l'action:

> «[...] *de façon rationnelle en finalité* [*zweckrational*], par des expectations du comportement des objets du monde extérieur ou de celui d'autres hommes, en exploitant ces expectations comme «conditions» ou comme «moyen» pour parvenir aux *fins* propres, mûrement réfléchies, qu'on veut atteindre.[109]»

C'est cette rationalité en finalité qui fonde la règle instrumentale. La rationalité en finalité caractérise ainsi l'action issue d'une délibération consciente des fins à atteindre à laquelle se raccorde le choix des moyens à mettre en place pour y parvenir. Ceci inclut l'élaboration de priorités et de critères permettant de juger de la pertinence des adéquations possible entre fins et moyens lorsque plusieurs options sont envisageables, autant que l'anticipation des conséquences éventuelles de l'action:

> «Agit de façon rationnelle en finalité celui qui oriente son activité d'après les fins, moyens et conséquences subsidiaires [*Nebenfolge*] et qui *confronte* en même temps rationnellement les moyens et la fin, la fin et les conséquences subsidiaires et enfin les diverses fins possibles entre elles.[110]»

Une règle instrumentale est donc un principe d'action proposant une adéquation des moyens subséquente à l'établissement des fins qu'il s'agit d'atteindre, ce qui correspond à la définition même de la rationalité. Par cette règle est explicitement privilégiée une téléologie de

---

[109] Voir: Weber (1995), p. 55.
[110] Voir: Weber (1995), p. 57.

l'action qui s'instrumente comme le produit plus ou moins
formalisé d'une raison se donnant les moyens de ses intentions. Ce type de règle est, pour Hayek, caractéristique
d'un «rationalisme constructiviste» qui:

> «soutient que les institutions humaines ne serviront des des-
> seins humains que si elles ont été délibérément élaborées en
> fonction de ces desseins; souvent même, que la simple exis-
> tence d'une institution prouve qu'elle a été créée dans un cer-
> tain but; et, toujours, que nous devrions remodeler notre so-
> ciété et ses institutions de telle sorte que toutes nos actions
> soient entièrement guidées par des objectifs connus.[111]»

Étroitement associée à la définition de la rationalité elle-même dans la forme qu'en consacrent plusieurs sciences
du social et particulièrement la modélisation de la décision
économique[112], l'action rationnelle est cependant entrevue
à partir de postulats qui rendent problématiques les tentati-
ves d'utiliser ce modèle dans des situations réelles. En
effet, toujours pour Hayek, elle établit parfois exagérément
et avec des conséquences discutables, la luminosité de sa
propre raison comme principe organisateur de la société:

> «L'erreur caractéristique des rationalistes constructivistes est,
> à cet égard, qu'ils ont tendance à fonder leur raisonnement sur
> ce qui a été appelé l'*illusion synoptique*, c'est-à-dire sur cette
> fiction que tous les faits à prendre en considération sont pré-
> sents à l'esprit d'un même individu et qu'il est possible
> d'édifier, à partir de cette connaissance des données réelles de
> détail, un ordre social désirable.[113]»

Par conséquent et curieusement, dès lors que l'on doute
des bienfaits d'une rationalité délibérément et volontaire-
ment réfléchie, la réflexion délibérée et volontaire s'oriente
le plus rationnellement possible vers l'examen et l'exposé

---

[111] Voir: Hayek (1995), p. 10.
[112] Voir: Gould et Kolb (1964).
[113] Voir: Hayek (1995), p. 16; Hayek (1993), p. 9-57.

des limites de cette même rationalité. Présente chez Hayek[114], cette réflexion se développe avec Simon:

> «*The view of man as rational is not peculiar to economics, but is endemic, and even ubiquitous, throughout the social sciences. Economics tends to emphasize a particular form of rationality – maximizing behavior – as its preferred engine of explanation, but the differences are often differences in vocabulary more than in substance.*[115]»

Celui-ci contribue ainsi à étayer les limites du rationalisme constructiviste, ou de la rationalité en finalité. En effet, reprenant ces concepts sous le terme de «rationalité substantive», Simon considère les limites de l'adéquation fin/moyens comme ordonnancement optimisé de préférences et d'indifférences face à diverses options de choix à effectuer en vue de la maximisation d'une utilité:

> «[...] we must give an account not only of *substantive rationality* – the extent to which appropriate courses of action are chosen – but also *procedural rationality* – the effectiveness, in light of human cognitive powers and limitations, of the *procedures* used to choose actions.[116]»

Correspondant à une formalisation de la rationalité en finalité, en termes de critères de choix, d'établissement des préférences et de besoins en information que nécessite son déploiement, la rationalité substantive suppose en effet de tenir compte des préférences d'autres acteurs et d'incertitudes multiples, ce qui constitue une impossibilité cognitive et logicielle dans toute situation un peu complexe[117].

---

[114] Voir: Hayek (1995), 33-34: «[...], si l'on entend par rationalisme le souci de rendre la raison aussi efficace que possible, je suis moi-même un rationaliste. Si toutefois, le terme signifie que la raison consciente devrait déterminer chaque action particulière, je ne suis pas rationaliste et un tel rationalisme me paraît fort déraisonnable.»

[115] Voir: Simon (1978), p. 5-6.

[116] Voir: Simon (1978), p. 9.

[117] Voir: Simon (1978), p. 1-16; Benn et Mortimore (1976b).

De cette remise en cause de la possibilité d'optimisation du calcul de maximisation de l'utilité dans nombre de situations est établie une rationalité de l'action tenant davantage de la satisfaction subjective que de la formalisation objective de l'adéquation logique des moyens aux fins. Conduisant à considérer la rationalité substantive comme un modèle limitatif, Simon identifie ainsi une rationalité subjective caractérisant les processus de prise de décision effectifs, ce qui est détaillé plus loin avec ce que Boudon développe en différenciant quelques registres de raisons autres que celui des canons du rationalisme[118].

L'instrumentation technique du choix conduisant à une utilité déborde cependant le rationalisme économique, ou témoigne des percées de celui-ci dans d'autres domaines[119], ce qui contribue à maintenir la prégnance d'une règle rationnelle générique dans l'orientation de l'action. Ainsi, hors sa formalisation optimisante, la règle rationnelle pose donc la fin, puis, étant donnée celle-ci, en déduit l'action appropriée, celle qui consiste en autant de moyens, ou de fins intermédiaires, à mettre en place pour atteindre un avenir quelconque.

Règle axiologique

La discussion des raisons permettant de comprendre les règles d'action se poursuit donc avec Boudon qui reprend notamment la catégorisation de Weber:

«Weber (1992a) a bien senti la nécessité de cette typologie, et, comme on sait, identifié quatre formes principales d'actions: les actions rationnelles au sens téléologique, les actions rationnelles au sens axiologique, les actions traditionnelles et les actions affectives. Mais il n'est pas sûr que cette distinction entre rationalité *téléologique* (*Zweckrationalität*) [en fina-

[118] Voir: Boudon (1992).
[119] Voir: Demeulenaere (2003), p. 157-191.

lité] et rationalité *axiologique* (*Wertrationalität*) [en valeur]
suffise à épuiser le sujet des types de rationalité.[120]»

Boudon élargit nettement la part de rationalité d'actions
apparaissant au premier abord comme irrationnelles, ainsi
que la compréhension de l'action comme reflétant cette
extension d'une rationalité stricte au profit de «bonnes
raisons»[121]:

> «La définition sémantique de la notion de rationalité (est ra-
> tionnel tout comportement Y dont on peut dire «X avait de
> bonnes raisons de faire Y, car ...») permet en tout cas
> d'engendrer un ensemble plus riche de types de rationalité à
> partir de la nature des considérations introduites après le
> «car».[122]»

Il étaye ainsi une compréhension de l'action s'inscrivant
dans le prolongement des travaux précédents, mais en
récapitulant et distinguant davantage les types de rationalité à l'œuvre. Poursuivant dans la lignée de Simon voulant
que la rationalité en finalité, particulièrement celle qui
privilégie le calcul de l'utilité espérée, n'est pas la seule
forme admissible, il consacre à l'instar de Weber une place
aux valeurs dans la caractérisation des raisons de l'action[123].

La rationalité en valeur wébérienne examine l'activité
de l'acteur comme répondant à des principes que celui-ci
s'impose avec d'autant plus de conviction qu'ils peuvent
être érigés en absolus inconditionnels. Ainsi, les activités
sociales sont réglées:

> «de façon *rationnelle en valeur* [*wertrational*], par la croyan-
> ce en la valeur *intrinsèque* inconditionnelle – d'ordre éthique,
> esthétique, religieux ou autre – d'un comportement déterminé

---

[120] Voir: Boudon (1992), p. 37.
[121] Voir: Boudon (2003), p. 7-55.
[122] Voir: Boudon (1992), p. 37.
[123] Voir: Boudon (2003), p. 99-121.

qui vaut pour lui-même et indépendamment de son résultat;[124]»

L'agir est dans ce cas commandé par la valeur intrinsè-
que accordée à l'acte lui-même, par la signification qu'il
prend au regard des principes desquels se réclame l'acteur:

> «Agit d'une manière *purement* rationnelle en valeur celui qui
> agit sans tenir compte des conséquences prévisibles de ses ac-
> tes, au service qu'il est de sa conviction portant sur ce qui lui
> apparaît comme commandé par le devoir, la dignité, la beauté,
> les directives religieuses, la piété ou la grandeur d'une «cau-
> se», quelle qu'en soit la nature.[125]»

Une règle axiologique se distingue donc d'une règle
instrumentale en ce qu'elle ne repose pas sur une articulation de moyens aux fins, mais oriente l'action normative-
ment et de manière réfléchie sur une autre base. La mobili-
sation d'une rationalité axiologique dénote ainsi une
conviction d'adhésion principielle au bien, au beau ou au
juste. Pensée comme telle par l'acteur, la conviction axiologique orientant l'action est ainsi considérée comme une
finalité en soi, ce qui légitime l'action allant dans le sens
du principe privilégié. Aux côtés de celle des moyens avec
la rationalité instrumentale se pose alors la question de la
rationalité des fins, en se demandant à l'occasion à quelles
conditions une finalité quelconque peut ou non être considérée comme rationnelle[126]. Reposant sur une capacité à
isoler ce qui est du ressort de l'instrumentation quasi logique des moyens aux fins de ce qui tient des valeurs, la
discussion peut ouvrir à une hiérarchisation des échelons
de rationalité, celle en finalité se considérant comme davantage rationnelle que celle en valeur[127].

---

[124] Voir: Weber (1995), p. 55.
[125] Voir: Weber (1995), p. 56.
[126] Voir: Benn et Mortimore (1976a).
[127] Voir: Cohen (1976) qui soupèse les conditions sous lesquelles une règle d'action
peut être considérée comme rationnelle.

Cependant, en termes de règles d'action, le degré de rationalité ou l'appartenance à une déclinaison plus ou moins appropriée de la raison se pose avec moins d'acuité dans la mesure où il suffit de reconnaître deux choses: les règles rationnelles et axiologiques sont délibérément réfléchies par les acteurs; les premières trouvent leurs raisons dans l'intermédiation des moyens aux fins tandis que les secondes fondent l'action par adhésion à des principes moraux ou éthiques qui relèvent de l'ordre du bien.

Règle conventionnelle

Un second type d'action wébérien associe des conduites n'étant pas guidées au premier chef par des rationalités, mais relevant davantage de comportements régulés tacitement dans des coutumes, par la tradition ou issus de réactions affectives. De façon similaire, aux côtés de l'action délibérément réfléchie attribuée au rationalisme constructiviste, Hayek identifie un «évolutionnisme» dont le propre est de ne pas être la conséquence voulue d'un dessein humain réfléchi comme tel:

> «[...] ce caractère ordonné de la société, qui a grandement accru l'efficacité de l'action individuelle, n'était pas dû seulement à des institutions et pratiques inventées ou combinées dans ce but, mais [...] il était dû largement à un processus d'abord décrit comme une «maturation», puis comme une «évolution», processus par lequel des pratiques qui avaient été d'abord adoptées pour d'autres raisons, ou même de façon purement accidentelle, furent conservées parce qu'elles procuraient aux groupes où elles étaient apparues une supériorité sur les autres groupes.[128]»

Cet évolutionnisme ouvre à l'exposition de règles d'action basées non plus sur une raison consciente et délibérée, mais fondées sur des règles mobilisées en cours

---

[128] Voir: Hayek (1995), p. 10.

d'action, de manière tacite, voire inconsciente. Il rejoint ainsi en partie le type de comportement traditionnel de Weber en identifiant une orientation spontanée de l'action, qui traduit des régularités ne s'apparentant ni à une rationalité en finalité, ni à l'actualisation volontaire de valeurs. En effet, dans ce cas, il n'y a que peu de réflexions délibérées de la part de l'acteur au regard de son action, mais une régulation implicite des conduites envers lesquelles la rationalité n'est pas nécessairement un enjeu. Celle-ci ne le devient et n'y revient que dans la compréhension que l'on peut avoir de l'action, sans que l'acteur lui-même ait à réfléchir consciemment à ses propres manières de faire pour les actualiser. Dans cette veine, on distingue une règle conventionnelle d'une règle déterminante.

Pour Weber, qui dissocie tradition et rationalité, la tradition est un mode de régulation de l'action trouvant sa base de légitimation en ce qu'elle est issue du passé. Par extension, ce passé peut être considéré comme s'actualisant dans des us et coutumes consacrés par l'usage, ce qui se traduit en autant de règles implicitement admises comme conventions et tacitement mobilisées par l'action:

> «Le comportement strictement traditionnel – tout comme l'imitation par simple réaction [..] se situe absolument à la limite, et souvent au-delà, de ce qu'on peut appeler en général une activité orientée «significativement». Il n'est, en effet, très souvent qu'une manière morne de réagir à des excitations habituelles, qui s'obstine dans la direction d'une attitude acquise autrefois.[129]»

Une règle conventionnelle revient alors à réguler l'action par ce qu'elle puise dans un passé, dont la tradition se porte pour partie garante, et qui trouve une résonance dans des habitudes qui maintiennent la pérennité d'un ordre social particulier. De façon similaire, l'évolutionnisme auto-

---

[129] Voir: Weber (1995), p. 55.

organisé d'Hayek débouche sur un prolongement selon lequel l'action en société peut être conceptualisée comme résultant et participant d'un ordre qui fait intervenir des règles n'ayant pas besoin d'être voulues ni rationalisées par les acteurs pour être régulatrices:

> «Dans le cas des hommes, le résultat de ce processus ne sera pas une connaissance exprimable, bien que nous puissions la décrire en termes de règles: l'homme ne peut traduire par des mots ce qu'il sait, il est simplement capable de s'y conformer en pratique. L'esprit ne fabrique point tant des règles qu'il ne se compose de règles pour l'action; c'est-à-dire d'un complexe de règles qu'il n'a pas faites mais qui ont fini par gouverner l'action des individus parce que, lorsqu'ils les appliquaient, leurs actions s'avéraient plus efficaces, mieux réussies que celles d'individus ou de groupes concurrents.[130]»

Cependant, quelques précisions sont apportées par rapport aux deux types de rationalité exposés plus haut en ce que les ordres qui fondent les règles d'action ne sont pas envisagés de manière similaire. En effet, considérer les règles d'action que Weber associe à la tradition et aux conventions, ce qui correspond à l'évolutionnisme d'Hayek, ouvre à en caractériser la spécificité. En effet, si l'action imputable à la tradition est envisagée comme distincte et antécédente au processus de rationalisation bureaucratique et industrielle[131], elle n'en est ainsi pas pour autant incompréhensible, n'en fait pas moins intervenir des raisons, et se retrouve d'ailleurs pour partie dans les habitudes et conventions accompagnant au fil du temps ce même processus.

Bien qu'elles tendent à maintenir un ordre traditionnel, les règles conventionnelles ne sont pas inéluctables et ne sont pas équivalentes à des dispositions législatives

---

[130] Voir: Hayek (1995), p. 21.
[131] Voir: Touraine (1992), p. 22-49.

s'appuyant sur une rationalité en finalité. Agir ces règles revient alors à savoir agir, ce qui témoigne d'une certaine compétence sociale pouvant être examinée sous bien des angles, mais dont l'agencement ne dépend plus d'un strict rationalisme. On trouve néanmoins une rationalité à l'acteur qui suit ces règles lorsqu'il n'a justement pas de bonnes raisons de remettre en question les conventions qu'elles incorporent et reflètent[132]. En outre, il peut même évoquer la tradition comme raison de son action et cela que cette raison soit ou non objectivement bonne. En effet, rompre avec les routines ou dévier des traditions, pour irrationnelles qu'elles puissent paraître[133], apparaît alors comme une action irrationnelle.

Cela dit, voir dans une règle conventionnelle la manifestation de bonnes raisons se fonde sur un postulat méthodologiquement individualiste[134]. La difficulté de reconnaître de bonnes raisons, dans la mesure où elles sont justement implicites en cours d'action, tient également à ce que leur compréhension ne s'effectue pas qu'exclusivement au regard de référents propres à l'acteur. Ceci implique que les reconstitutions explicatives des intentions des acteurs par les conventions qui les régissent contribuent précisément à illustrer l'équivoque de ces postulats[135], et ouvre à caractériser l'action par un dernier type de règle.

En effet, les règles conventionnelles et déterminantes régulent l'action toutes deux de manière implicite. La distinction entre ces deux types de régulations tient à l'explication qui est faite de l'action autant que des ordres qui la fondent. Donc, si l'action s'articule par et dans des conventions que l'acteur et l'observateur peuvent associer à un ordre des choses agi par tradition parce que tenu pour

---

[132] Voir: Op.cit.: Boudon (1992), p. 37.
[133] Voir: Sperber (1997).
[134] Voir: Laurent (1994).
[135] Voir: Bourdieu (1994), p. 149-169.

habituel, un autre type de raison et de rationalité en agit et y décèle des régularités déterminantes.

Règle déterminante

Une règle déterminante est ainsi tributaire d'une rationalité mettant au premier plan les déterminations qui agissent l'action. À l'opposé d'un continuum où se trouverait polarisée l'intentionnalité de la rationalité en finalité, sont conceptualisées des déterminations relevant d'un ordre de causalité quasi naturelle antécédent et présidant au déroulement de l'action[136]. Régulant implicitement l'action, une règle déterminante traduit des agencements dépendant moins de traditions particulières que de mécanismes cognitifs, naturels et sociaux, intégrant à divers degrés des relations de cause à effet, à la fois dans l'action elle-même, mais aussi dans les raisons que l'on y trouve[137].

De cette façon, à partir du constat des limites au rationalisme constructiviste évoqué par Hayek, Simon précise le travail en cernant les limites de la rationalité substantive, ce qui l'amène à l'identification empirique d'une «rationalité procédurale» des mécanismes cognitifs par lesquels les acteurs raisonnent effectivement[138]. Il identifie ce type de rationalité par l'étude des processus cognitifs ou logiciels mis en œuvre dans des situations d'incertitude et d'interactions dynamiques empiriquement documentées pour en établir que les agents font appel, consciemment ou non, à des raisonnements différents de ce que la rationalité substantive privilégie comme modèle. Les agents répondent alors aux situations par une rationalité limitée traduisant une capacité d'adaptation à une détermination commandée

---

[136] Voir: Boudon (1993), p. 235-252.
[137] Voir: Hollis (1999), p. 1-21,
[138] Voir: Simon (1976).

par l'adaptation au milieu[139]. Reprenant cette forme de loi positive de subjectivation de la rationalité, Boudon la coiffe de l'intitulé de «rationalité cognitive», pour en retrouver des manifestations dans le quotidien. Les acteurs agissent donc plus ou moins consciemment ce type de règles dans leurs activités, relayant ainsi des mécanismes déterminants le cours de l'action. Ces règles déterminantes peuvent être envisagées sous plusieurs angles concurrents, et être réfléchies comme étant suffisamment convaincantes pour être vraisemblables, entre autres et surtout pour les acteurs eux-mêmes dans l'orientation de leur action[140], mais il n'est pas nécessaire qu'elles le soient pour être effectives.

Ainsi, de manière similaire aux divergences d'interprétations entre une règle conventionnelle expliquant les raisons de l'action par les raisons d'adhérer aux conventions ou par les conventions comme influençant voire déterminant les raisons de l'action, se pose parallèlement la question de l'origine de la détermination. Une règle déterminante pourrait vouloir dire que la rationalité de l'acteur détermine l'action, alors qu'elle est ici envisagée comme produit d'une détermination dont la règle en jeu n'en est pas une de rationalité, mais de causalité efficiente. En retournant la question, on pourrait par ailleurs postuler que les moyens de la finalité sont déterminés par celle-ci, et non par une réflexion téléologique porteuse d'intentions, ce qui n'est pas l'hypothèse retenue ici.

Donc, à propos de l'action et de ses règles, deux distinctions peuvent être avancées: la première a trait à la différence entre les règles d'action et les explications qui les établissent et en rendent compte, tandis que la seconde consiste à dissocier ce qui est habituellement considéré comme relevant de la raison humaine de ce qui est attribué

---

[139] Voir: Simon (1983b).
[140] Voir: Boudon (1995), p. 97-136; Boudon (2003), p. 57-97.

à un ordre indépendant de celle-ci. Ces distinctions sont cependant d'ordre épistémologique et déplacent ainsi le débat des théories de l'action aux théories de la connaissance, ce qui sera envisagé plus loin.

	Action délibérément réfléchie		Action régulée tacitement	
Weber	**Rationalité en finalité** Adéquation des moyens aux fins	**Rationalité en valeur** Adéquation des actes aux valeurs	**Conduite traditionnelle** Comportements guidés par la tradition ou les réactions affectives	
Hayek	**Rationalisme constructiviste** Dessein rationnel		**Évolutionnisme** Ordre spontané	
Simon	**Rationalité substantive** Adéquation fins/moyens plus ou moins optimisée			**Rationalité procédurale** Processus cognitifs effectifs d'adaptation
Boudon	**Rationalité utilitaire et téléologique** L'acteur a de bonnes raisons de faire l'action, car l'acteur a des préférences, et il veut atteindre un objectif et pense que l'action est le meilleur moyen pour ce faire	**Rationalité axiologique** L'acteur a de bonnes raisons de faire l'action, car l'action découle d'un principe normatif (moral, éthique, religieux ou esthétique) auquel l'acteur croit	**Rationalité traditionnelle** L'acteur a de bonnes raisons de faire l'action, car l'action est la coutume, l'habitude, la tradition ou la convention que l'acteur n'a pas de raisons de remettre en question	**Rationalité cognitive** L'acteur a de bonnes raisons de faire l'action, car l'action fait, au moins implicitement, intervenir une théorie déterminante suffisamment convaincante
	Action délibérément réfléchie		**Action dotée de raisons tacites**	
Règles d'action	Instrumentale	Axiologique	Conventionnelle	Déterminante

Tableau 2: Rationalités et règles d'action

L'action: rationalités et règles

En ce qui a trait aux théories de l'action, les types de rationalités exposées donnent ainsi lieu à quelques correspondances et distinctions entre elles, récapitulées au tableau 2. De manière synthétique, quatre types idéaux sont repérés. Les deux premiers considèrent et articulent l'action comme étant délibérément réfléchie par la raison humaine. La règle rationnelle instrumente donc l'action en termes d'articulation de moyens appropriés, étant donnée une fin visée. À partir de la règle axiologique est pensé un registre d'action qui positionne celle-ci dans le domaine du bien, au sens où le geste de l'acteur répond explicitement de valeurs considérées comme autant de finalités. Suivant Hayek, un second régime d'action consiste à l'envisager comme étant plutôt régulée par des agencements de règles tacites. Ces règles peuvent tenir de la tradition, de conventions, ou de raisons qui n'ont pas à être explicites pour être effectives. Suivies et mobilisées tacitement dans l'action, ces règles sont regroupées par les théoriciens de l'action comme relevant de la tradition ou de lois quasi naturelles. Les premières régissent l'action par des règles conventionnelles tandis que les secondes régulent l'action par des règles déterminantes.

Chapitre 4

LA CONNAISSANCE: SCIENCES ET PROJETS

Aux côtés de l'action managériale et des règles qui l'orientent, le management se pose également comme connaissance. La gestion ayant connu une croissance importante des savoirs qu'elle discute et propose, le management présente désormais tous les attributs d'une science institutionnalisée. Elle peut ainsi être reconnue comme telle, au croisement d'autres disciplines plus établies, notamment au plan universitaire. Comme connaissance, le management s'arrime ainsi à une typologie des sciences historiques, nomothétiques, philosophiques et juridiques recombinées en quatre projets épistémologiques[141].

---

[141] Voir: Piaget (1970), p. 15-130 et 253-373; Déry (2001). Le passage des sciences aux projets sous-tend deux déplacements. Le premier est de voir dans le processus de développement des connaissances le produit d'une action, avec les postulats détaillés plus haut que ceci implique. Le second autorise un prolongement de la classification des sciences académiquement institutionnalisées, en maintenant dans son principe la typologie épistémologique sur laquelle elle se base. Dans cette veine, le terme «idéographie» est ici entendu suivant la caractérisation que Piaget fait des sciences historiques.

Projet	Idéographique	Nomothétique	Critique	Normatif
Modèle de scientificité	Historique	Nomothétique	Philosophique	Juridique
Visée	Description Narration	Explication Compréhension	Sagesse Sens	Norme Règle
Processus de connaissance	Raconter le réel	Découvrir des lois	Réfléchir de façon critique	Prescrire des actions

Tableau 3: Sciences et projets de connaissance

Le management devient ainsi lié à des projets de connaissance respectivement descriptif, explicatif, critique et normatif. Chacun de ces projets est brièvement exposé ci-dessous.

Projet idéographique

Le projet idéographique vise à décrire exhaustivement la réalité en en inscrivant les particularités dans le temps et dans l'espace. Apparenté aux sciences historiques qui regroupent «les disciplines dont l'objet est de reconstituer et de comprendre le déroulement de toutes les manifestations de la vie sociale au cours du temps[142]», ce projet prend un soin particulier à s'appuyer sur une documentation susceptible de rendre le caractère factuel, riche et circonstancié de ce qu'il décrit. En effet, «le propos de l'historien est [...] d'atteindre chaque processus concret en toute sa complexité et par conséquent en son originalité irréductible[143]». Apparenté à une démarche historiographique ou ethnographique, dont les deux figures se combineraient en une forme monographique réfléchissant à l'occasion son propre

[142] Op.cit.: Piaget (1970), p. 20.
[143] Piaget (1970), p. 21.

58

rapport au temps sous différents régimes d'historicité, principalement celui de l'objet du récit et celui de l'auteur du récit, le projet idéographique procède en premier lieu et approximativement d'une double démarche: collecter les évènements et faire la narration de ces évènements.

Reposant sur un postulat de véridicité mettant à l'avant-plan du processus de connaissance la documentation de ce que le réel est ou a été dans les faits, une tendance caractéristique du projet idéographique est donc de récolter ceux-ci en les laissant s'inscrire dans leurs contextes. La description de ces faits s'effectue par le recueil de témoignages et plus fréquemment par l'examen de documents dont il s'agit de rendre compte en toute objectivité. Ceci s'apparente au métier de reporter ou d'enquêteur dont l'une des préoccupations professionnelles est de rapporter les évènements tels qu'ils se sont passés, et à fortiori de montrer le caractère singulier du cas pris en compte pour en élaborer un descriptif le plus fidèle possible. Pour connaître, la méthode privilégiée est ainsi d'être présent où et quand cela se passe afin d'en témoigner. Devant l'impossibilité de se télécharger dans un passé dont l'unicité est pour le moment révolue, reste la possibilité d'établir des faits historiques. Une partie de la démarche idéographique est donc de rendre compte minutieusement de ces faits, ce qui s'accompagne généralement du postulat empiriste selon lequel la base d'appui de la connaissance vient de l'objet, privilégiant ainsi une conception positiviste de la connaissance[144]. Cette conception, pour ne pas être univoque parmi les spécialistes des sciences de l'histoire, n'en demeure pas moins une prérogative centrale à l'idéographie se voulant autonome de champs littéraires, romanesques, ou poétiques en ce qu'elle ne prétend pas produire des œuvres de fiction.

---

[144] Voir: Latour (1996), p. 15-64.

Cela dit, sur fond de définition de scientificité et de maintien de la reconnaissance institutionnelle de l'histoire comme discipline universitaire, le débat se prolonge avec davantage d'intensité, particulièrement lorsque vient le temps de procéder à la narration ou au récit des évènements si soigneusement colligés. Incarné par les sciences de l'histoire et ses spécialistes professionnels, le projet idéographique se frotte parfois à la concurrence d'autres sciences du social s'intéressant *de facto* au passé par des méthodes et des rendus qui leur sont cependant typiques. Cherchant à se démarquer autant d'une tradition orale véhiculant anecdotes et récits plus ou moins fictifs, que de la simple collection chronologique de dates, l'idéographie se donne volontiers une mission plus ambitieuse comme projet de connaissance[145]. L'attachement à la documentation et la description des singularités d'un réel factuel objectivé, se double alors de la nécessité d'en rendre compte, de mettre ces faits en scène, voire en intrigue, c'est-à-dire d'en produire le récit.

Aussi sûrement que la mise en scène réussie d'une bonne histoire repose sur des personnages, une intrigue, un dénouement et un style narratif ou dramatique appropriés, etc., le projet idéographique se mesure alors selon les critères de genres littéraires ou artistiques précis. La mise en récit peut, par ailleurs, chercher à se faire philosophie de l'histoire afin de donner un sens à l'enchaînement à première vue disparate de cas particuliers, ou d'y repérer des lois de l'histoire. Dans ces deux derniers cas de figure, le projet idéographique empiète sur les plates-bandes cognitives respectives des sciences philosophique et nomothétique. Ainsi, suivant Piaget, les «lois de l'histoire» relèvent ici d'abord du projet nomothétique, tandis que la question de donner un sens au passé, pour être davantage ambiguë

---

[145] Voir: Revel (2001).

en termes de classement des processus de connaissance, relève non seulement de l'idéographie, mais de discussions philosophiquement chargées d'historicisme plus ou moins absolu, autant que de considérations interprétatives faisant l'objet du débat explication/compréhension[146], que l'on retrouve à cheval entre le projet nomothétique et le projet critique.

En mettant en retrait ces complications, pour le projet idéographique, connaître relève d'une démarche historiographique ou ethnographique consistant à décrire et narrer la réalité factuelle concrète dans ce qu'elle peut avoir de particulier à un contexte, dans un temps donné et dans la durée.

Projet nomothétique

Le projet nomothétique vise à expliquer les faits naturels ou sociaux en dégageant les lois des régularités observées. Il est apparenté aux:

> «disciplines qui cherchent à dégager des «lois» au sens parfois de relations quantitativement relativement constantes et exprimables sous la forme de fonctions mathématiques, mais au sens également de faits généraux ou de relations ordinales, d'analyses structurales, etc. se traduisant au moyen du langage courant ou d'un langage plus ou moins formalisé (logique, etc.)[147]».

Ce projet donc est celui recouvrant ce que l'on entend couramment par science. Se déclinant en sciences de la nature ainsi qu'en sciences du social, il incarne l'idéal scientifique moderne, formalisant par abstraction des modèles prédictifs, mais surtout explicatifs et généraux à partir de données empiriques, peu importe, en fait l'objet à

---

[146] Voir: Freund (1973).
[147] Voir: Piaget (1970), p. 17.

connaître[148]. En effet, que celui-ci soit la nature ou l'humain socialisé, les postulats et méthodes restent sensiblement les mêmes, du moins dans les formes qu'en a consacrées le positivisme[149].

S'extrayant des préalables et réductions privilégiés par le positivisme tout en les englobant, le projet nomothétique reste fédérateur par sa visée ou son intention de base, qui est celle de l'explication. À la restitution du concret propre au projet idéographique se substitue ainsi le souci d'abstraire les relations constatées ou spéculées, pour produire un schéma explicatif comprenant fréquemment des imbrications nécessaires prenant la forme de lois.

Pour le projet nomothétique, connaître prend sa source dans la combinaison de cinq contributions distinctes: une «tendance comparatiste» contribuant à décentrer les phénomènes les uns des autres et ceux-ci de l'observateur ou du chercheur; un «évolutionnisme génétique» retraçant les origines et développements matriciels de l'actuel; une complicité avec les modèles naturalistes parfois doublés de postulats scientistes; une délimitation expérimentale des problèmes suffisamment circonscrits pour être résolus dans les conditions qui les définissent; et un choix des méthodes et instruments d'investigation et de vérification[150]. Cet appareillage expérimental et conceptuel, doublé d'un modèle de raisonnement hypothético-déductif, concoure à faire du projet nomothétique un processus d'abstraction des relations permettant d'expliquer un phénomène par une loi caractérisant un lien de causalité.

Paraphrasant Piaget, cette démarche comporte trois étapes, dont les deux dernières seulement relèvent de l'explication[151]. La première étape consiste à établir le caractère

---

[148] Voir: Chalmers (1988).
[149] Voir: Halfpenny (1982).
[150] Voir: Piaget (1970), p. 28-43.
[151] Voir: Piaget (1970), p. 111-117.

répété des faits et des lois, donc d'une récurrence temporelle d'occurrence de la même relation, dont on peut mesurer
la fréquence et estimer sa probabilité d'apparition sur la
base du constat de sa régularité. Cette étape ne comporte
aucune explication en elle-même puisqu'elle ne qualifie
pas la relation de la présence de conditions nécessaires et
suffisantes. Par contre, si la loi contient une relation de
dépendance fonctionnelle entre ses variables, elle présente
une forme de détermination informant d'une forme de
causalité dans l'identification d'une fonction et de ses
facteurs. La seconde étape consiste à passer de la généralité
ou de la probabilité des faits à la déduction des lois faisant
intervenir un élément de nécessité logique ou mathémati-
que qui ouvre à une explication. La troisième étape qui
consacre le mode d'explication que privilégie le projet
nomothétique comme processus de connaissance est celle
qui rattache les lois modélisées traduisant les relations de
nécessité à la réalité qu'il est question d'expliquer. Il y a
donc explication lorsque la formalisation des relations
correspond au réel, fournissant ainsi la structure d'un phénomène matériel. L'explication d'un phénomène de cons-
cience humain pourra par ailleurs être doublée d'une implication basée sur les significations attribuables aux intentions. L'implication joue alors pour la compréhension un
rôle complémentaire et relativement équivalent à celui de
la causalité matérielle dans l'explication.

Se pose alors le problème de la mise en lois d'un réel
qui peut se contenter de résister, mais qui peut également
accélérer la réfutation de l'explication que le projet nomothétique privilégie à son propos, particulièrement lorsque
l'objet à connaître s'apparente à un sujet connaissant[152]. Se
combinent à ceci les difficultés liées à la notion de causali-

---

[152] Voir: Berthelot (2001); Latour (1992).

té[153], la détermination partielle des lois explicatives par les socialités desquelles elles émergent[154], la relativisation cognitive, sociale et historique du projet nomothétique lui-même[155], tout autant que la relativisation de la relativisation qui s'ensuit[156], pour contribuer à élargir le débat et mettre la table au projet philosophique, qui nourrit, pour partie, ces discussions.

Ainsi, la notion d'explication comprend plusieurs acceptations dans les sciences[157], mais la connaissance que privilégie le projet nomothétique s'appuie sur un raisonnement hypothético-déductif susceptible d'abstraire des relations causales ou implicatives permettant de modéliser une théorie qui soit en adéquation avec les faits, au-delà des régularités générales qu'expose la récursivité de ces faits. Cette récursivité, pouvant ne donner lieu qu'à une chronologie temporalisée ou une collection de cas particuliers plus ou moins agrégés en statistiques descriptives, tient alors davantage du projet de connaissance idéographique.

Pour le projet nomothétique, connaître revient donc à découvrir ou inventer des lois permettant d'expliquer et de comprendre des relations, dont la valeur de vérité des énoncés ainsi produits tient à l'adéquation entre les faits et les théories qui les expliquent.

Projet critique

Apparenté aux sciences philosophiques, le projet critique interroge les connaissances et les manières de connaître proposées par les autres projets, en remettant en cause

---

[153] Voir: Gustsatz (1987); Saint-Sernin (2002).
[154] Voir: Vinck (1995), p. 23-138.
[155] Voir: Kuhn (1983), p. 237-284; Feyerabend (1979); Masterman (1999); Kuhn (1999); Latour (1993).
[156] Voir: Boudon et Clavelin (1994).
[157] Voir: Vergnioux (2003), p. 17-148.

leurs fondements et postulats propres, ou en s'attaquant à la trame même de l'articulation en quatre projets épistémologiques. En outre, les disciplines philosophiques constituent un ensemble spécialement hétérogène:

«parce qu'entre les auteurs qui s'y consacrent règne un certain désaccord quant à la portée, l'étendue et même l'unité des branches qu'il convient de réunir sous ce terme. La seule proposition certaine, parce qu'elle semble commune à toutes les écoles, est que la philosophie se propose d'atteindre une coordination générale des valeurs humaines, c'est-à-dire une conception du monde tenant compte non seulement des connaissances acquises et de la critique de ces connaissances, mais encore des convictions et valeurs multiples de l'homme en toutes ses activités.[158]»

Il n'est donc ici question que de donner un aperçu très succinct de quelques manifestations de ce que les débats philosophiques abordent à propos de la connaissance.

Pour Piaget, le projet philosophique s'imbrique, en partie, dans des conceptions empiristes[159], dialectiques et phénoménologiques[160] de la connaissance, et teinte lourdement le projet nomothétique, lequel lui dispute un certain nombre d'enjeux épistémologiques, dont celui de la validité des connaissances. Ces débats prennent un tournant contemporain notable à l'occasion de la publication d'une autre étude développant une option à propos des sciences en question. Dans cette dernière, Lyotard[161] y porte un regard dubitatif sur le savoir moderne, recadrant la discussion par le mouvement qui l'a engendré, c'est-à-dire la modernité[162]. S'appuyant en partie sur une remise en cause de différents régimes traditionnels, la connaissance moder-

---

[158] Voir: Piaget (1970), p. 25-26.
[159] Voir: Brahami (2002).
[160] Voir: Andler (2002), p. 1049-1096.
[161] Voir: Lyotard (1979).
[162] Voir: Nouss (1995); Hamilton (1996); Déry (2002).

ne admet et renforce du même souffle la possibilité de critiquer cette même modernité[163], ce qui se traduit au plan épistémologique par la remise en cause de ses propres savoirs. Les fondements de l'entreprise de légitimation des modes de connaissance propre à la modernité peuvent donc se voir dissous par ses propres moyens critiques, ce qui culmine dans des déconstructions philosophiquement informées développées dans les récits post-modernes à propos des récits modernes.

Une autre filière du projet philosophique contemporain fait siens les constats qui, du désenchantement du monde à la recherche de sens, en passant par les désillusions et la massification du côté obscur des Lumières, ne trouvent justement pas beaucoup de sens à la modernité version 20e siècle. Sans nécessairement pour autant renoncer aux principes idéels modernes[164], le projet philosophique critique se fait ainsi le vecteur de théories critico-émancipatoires. Par celles-ci, les savoirs concourant à la modernité en général, et plus précisément ses savoirs techniques, scientifiques, et industriels, participent de logiques d'intérêts et de pouvoirs assujettissants, qu'il s'agit de débusquer et de dénoncer[165]. Dès lors, si la science philosophique se manifeste parfois par une contemplation garante d'une sagesse s'auto-définissant comme telle, elle se retrouve également sous l'angle d'un projet essentiellement critique, et plus rarement autocritique.

Pour l'espace philosophique sur son versant critique, connaître revient donc à identifier, reconnaître et critiquer les apories, dissimulations, idéologies, artifices, fausses consciences, illusions, paradoxes, pensées uniques, rhétoriques, motivation secrètes et manipulations que l'on peut

---

[163] Voir: Touraine (1992), 195-227.
[164] Voir: Bonny (2004).
[165] Voir: Haber (2002).

trouver chez les autres, et éventuellement appliquer le même traitement à ses propres réflexions, ce qui ne va pas sans quelques difficultés[166].

Projet normatif

Le projet normatif, apparenté aux sciences juridiques piagétiennes, vise à établir des normes ou règles, ce qui se distingue de ce que le projet nomothétique recherche sous forme de lois et de ce que le projet idéographique décrit sous forme de faits.

> «Une norme ne relève pas, en effet, de la simple constatation de relations existantes mais d'une catégorie à part qui est celle de «devoir être» (sollen). Le propre d'une norme est donc de prescrire un certain nombre d'obligations et d'attributions qui demeurent valables même si le sujet les viole ou n'en fait pas usage...[167]».

Assimilé aux sciences juridiques par le caractère normatif de ce qu'il propose, mais aussi à des domaines professionnels et universitaires comme l'ingénierie et la médecine par les prescriptions d'intervention qu'il établit, c'est également au projet normatif que se rapporte le management lorsqu'il dit ce qui devrait être et de quelles manières y arriver[168]

Aux côtés du domaine strictement juridique, ce projet recouvre également ce que comprend en partie le terme de praxéologie. Celui-ci a été avancé à la fin du 19e siècle pour désigner l'étude de l'action humaine[169], puis repris et développé par des économistes libéraux autrichiens[170] et

---

[166] Voir: Sloterdijk (1987), p. 109-138; Latour (1997), p. 53-59.
[167] Voir: Piaget (1970), p. 23.
[168] Voir: Le Moigne (2002), p. 33-85.
[169] Ancrant ainsi cette première acceptation du terme dans les projets nomothétique ou idéographique, ce qui se distingue de l'usage qui en est fait ici. Voir: Alexandre et Gasparski (2000).
[170] Voir: Longuet (1998).

des philosophes et logiciens polonais, qui ont formulé le projet praxéologique d'élaboration d'une science ou d'une grammaire de l'action efficace[171]. Bien que se souciant également d'applicabilité et d'utilité pratique, ces courants sont historiquement et cognitivement distingués du pragmatisme américain même si des parallèles peuvent être identifiés[172]. De manière similaire, la praxéologie peut également être rapportée à l'économique[173] en ce que cette science peut avoir de normatif, ce qui a pour principal postulat et résultat de réduire l'action à l'une de ses dimensions. Étant donné les limites théoriques et empiriques imputées au modèle de l'*homo oeconomicus*, la praxéologie peut s'investir de prescriptions économiques sans pour autant s'y cantonner. Il s'agit alors d'un domaine visant l'établissement de principes, guides, conseils, techniques, trucs et astuces, dont les contours sont bordés par ce que le normatif a de spécifique par rapport aux autres projets épistémologiques exposés plus haut.

Comme projet de connaissance, le normatif consiste donc à viser l'établissement de normes habilitant, articulant et encadrant actions et pratiques, en considérant des domaines d'intervention multiples (individus, matériaux, natures, sociétés, etc.) qui peuvent se décliner en une variété de logiques. Appliqué à la langue, le normatif en est ainsi la grammaire; mis en lien avec le savoir-vivre en société, il se traduit dans les bonnes mœurs; considérant la gouverne étatique, la praxéologie s'actualise dans une constitution et des législations; dans une cuisine, elle se présente sous forme de recettes; pour la religion catholique, elle est consignée en un décalogue, etc. Le projet normatif n'est donc pas ici l'étude des normes et règles[174], ce qui

---

[171] Voir: Kotarbinski (1983a) et Kotarbinski (1983b).
[172] Voir: Ryan, *et al.* (2002), 7-21; Kotarbinski (2002).
[173] Voir: von Mises (1985), p. 1-76; Rothbard (1991), p. 26-81.
[174] Voir: Atias (1994); Atias (2002).

serait du ressort d'autres projets épistémologiques considérant celles-ci comme des faits à décrire, expliquer ou critiquer. Il se positionne sur le terrain normatif parce qu'il prescrit, et discute éventuellement la validité programmatique de ce qu'il propose au regard de devoir-êtres habituellement posés comme concourant à un mieux.

La normativité juridique peut ainsi consacrer la primauté de la raison d'État par rapport à d'autres registres, étant posé le système d'obligations qu'il développe par ce devoir-être particulier, sur lequel est également assise la légitimation de ses législations et critères de validité propre. De façon similaire, la normativité médicale pose la primauté de la santé comme source et programme d'un mieux, à partir de laquelle sont développés une variété de procédures opératoires et protocoles d'intervention dont la légitimité tient précisément à ce qu'ils sont posés comme orientés de manière normative vers cet autre devoir-être particulier. Pour le projet normatif, connaître veut donc dire établir des normes ou règles prescrivant, orientant, ou obligeant l'action vers et envers un devoir-être. Indépendamment des multiples déclinaisons qu'il peut endosser et proposer, celui-ci affirme et fonde la légitimité de l'entreprise normative à partir d'un principe générique posé comme autosuffisant, qui considère qu'il vaut mieux faire le mieux.

Chapitre 5

LE MANAGEMENT: RÈGLES D'ACTION ET PROJETS ÉPISTÉMOLOGIQUES

La double approche théorique, exposée au chapitre précédent, permet d'envisager le management comme action et connaissance. Les catégories élaborées à partir des théories de l'action et de la connaissance donnent lieu à deux séries d'idéaltypes qui en tracent les contours. Chacune des règles d'action et chacun des projets épistémologiques peuvent donc théoriquement se retrouver en management et contribuer à le caractériser, celui-ci se trouvant en leurs croisements.

Règles d'action
en management

Ainsi, comme action organisée structurée et structurante[175], le management est orienté et articulé par quatre types de règles: instrumentales, axiologiques, conventionnelles et déterminantes.

La règle instrumentale managériale fournit l'adéquation réfléchie de moyens à l'atteinte d'une fin donnée. Un exemple de ce type de règle se trouve dans les méthodes de résolution de problèmes et de prise de décision formelle,

---

[175] Voir: Eraly (1993), p. 7-114.

dans lesquelles on retrouve un écart entre une situation actuelle et une situation souhaitée qu'il s'agit de combler par une méthode réfléchie comme telle[176]. De manière générale, une règle instrumentale en management recoupe ainsi ce que l'on désigne comme principes et techniques de gestion établissant un «comment faire» qui, une fois posées les fins, y raccorde les moyens permettant leur actualisation. C'est ce qui peut se retrouver chez lesdits pères fondateurs de la gestion, et s'exemplifie chez Fayol par ses 14 principes[177]. Dans sa formulation, une affirmation traduisant une manière de régler un problème par une règle instrumentale peut être clairement énoncée:

> «*Any course or any effort that will lead to listening improvement should do two things: 1. Build awareness to factors that affect listening ability 2. Build the kind of aural experience that can produce good listening habits*[178]».

La règle axiologique consiste à dire que l'action managériale est réglée par des principes ou valeurs d'adhésion au bien, desquels l'acteur réclame ses actes. Un exemple de ce type de règle, aussi répandu que sous-entendu, consiste à dire que les activités d'une entreprise ou d'une organisation tendent vers un bien conceptualisé comme l'efficacité et/ou l'efficience collective[179]. Associé au développement du libéralisme économique, les règles axiologiques mises de l'avant font état du «bonheur de la communauté»[180] pour régler en valeur les inclinaisons individualistes à la liberté de propriété et de commerce. S'appuyant sur d'autres conceptions du bien, la règle axiologique peut également se renouveler et mettre à l'avant-plan de sa

---

[176] Voir: Kepner et Tregoe (1965), p. 39-56.
[177] Voir: Fayol (1999), p. 5-47.
[178] Voir: Nichols et Stevens (1957) p. 86.
[179] Voir: Simon (1983a), p. 153-176 et Jullien (1996) pour les nuances à propos de ces concepts.
[180] Voir: Vergara (2002), p. 55-78.

finalité «l'agir éthique» lui-même[181], ce qui se traduit, par exemple, dans une philosophie de gestion, ou toutes autres formes de valeurs consistant à faire correspondre l'action managériale à un principe moral, éthique, ou religieux pensé comme tel:

> «*Those who cannot serve the corporate vision are not authentic businesspeople and, therefore, are not ethical in the business sense.*[182]».

La règle conventionnelle inscrit le management dans les traditions et habitudes du quotidien des gestionnaires et organisations. Ce faisant, elle met à l'avant-plan la restitution des régularités routinières de l'action managériale. Un exemple de ce type de règle considère les activités quotidiennes du gestionnaire pour en faire l'inventaire et constate qu'il passe environ 80% de son temps à parler[183]. Un autre exemple illustre ce cas de figure par l'insistance portée aux conventions et habitudes dans l'action:

> «*Having a boss's responsibility without a boss's authority; functioning as a specialist and a generalist at the same time; meeting the conflicting demands of superiors, subordinates, and peers while still getting the job done - these exacting requirements sound like part of a manager's nightmare [...] but are daily facets of general management at middle levels of an organization.*[184]».

Les règles conventionnelles peuvent ainsi se décliner en autant de régularités de l'action, qu'il n'est pas nécessaire que l'acteur explicite ni même qu'il en soit conscient, pour qu'elles soient mises en œuvre[185].

---

[181] Voir: Ballet et De Bry (2001), p. 231-233.
[182] Voir: McCoy (1983), p. 59.
[183] Voir: Mintzberg (1984), p. 41-64.
[184] Voir: Uyterhoeven (1972), p. 75.
[185] Voir: Eraly (1993), p. 7-92.

En management, une règle déterminante met au jour des schémas de causes à effets prenant par exemple la forme d'adaptation de l'organisation à l'environnement[186]. Les règles déterminantes managériales peuvent également caractériser l'action comme constituée de relations de rétroactions positives ou négatives d'adaptation systémique plus ou moins linéaires, équilibrant ou déséquilibrant diverses tensions[187]. Un exemple de ce type d'énoncé:

> «*But the most important determining factor of high morale turned out not to be how their power motivation compared to their need to achieve but whether it was higher than their need to be liked.*[188]».

Ainsi, une règle déterminante comprend l'action managériale comme l'actualisation de lois quasi naturelles plus ou moins strictes, qui régulent et articulent celle-ci, sans que les acteurs aient à les connaître pour qu'elles soient effectives.

Chacune des règles d'action ainsi illustrées pour le management se distingue et se double, par ailleurs, des relations qu'elles entretiennent avec les projets épistémologiques tels qu'on peut les retrouver dans ce même domaine.

Projets épistémologiques en management

Hormis les théories de l'action, le second point d'appui théorique consiste donc à voir le management par la lorgnette de projets de connaissance, ce qui donne lieu à en exemplifier quelques-unes des manifestations.

---

[186] Voir: Porter (1982), p. 3-51.
[187] Voir: Katz et Kahn (1967), p. 71-109.
[188] Voir: McClelland et Burnham (1976), p. 103.

Le projet normatif consiste, en management, à établir des normes, règles, principes, guides, conseils, concourant à développer des connaissances relatives à ce qui devrait être fait, dans l'optique de mieux faire. Exemplifié par sa radicalisation dans la première moitié du 20e siècle sous la forme du *«one best way»* administratif et industriel[189], ce projet épistémologique intègre et développe également en management d'autres connaissances reflétant les limites du rationalisme des modèles précédents[190] en déployant une variété de normes de gestion[191]. La visée reste cependant sensiblement la même en ce que ce projet intègre et produit des modèles, techniques et outils destinés à mieux gérer. Par exemple, une intention épistémologique peut être clairement normative: *«It is the purpose of this article to suggest what may be a more useful approach to the selection and development of administrators.[192]»*

Le projet épistémologique philosophique en management voit dans la critique la forme privilégiée de connaissance, ce qui se manifeste dans une critique de la gestion elle-même. Par exemple, sur fond de refus de la réduction de la praxis à la technique[193], ou du dévoilement de l'emprise que l'instrumentation technique prend dans des domaines qui ne s'y identifient guère[194], le projet critique s'exemplifie en management par des critiques similaires. L'efficacité dont celui-ci se réclame est alors dénoncée[195], tandis que ses intentions et prétentions au mieux-être sont remises en question. Une illustration d'une intention critique se trouve dans l'extrait suivant:

---

[189] Voir: Taylor (1911) et Taylor (1934).
[190] Voir: Peters et Waterman (1999), p. 49-74.
[191] Voir: Brilman (2001).
[192] Voir: Katz (1955), p. 33.
[193] Voir: Agazzi (1988).
[194] Voir: Sfez (2002), p. 75-125; Caillé (2003), p. 55-64.
[195] Voir: Le Mouël (1991), p. 19-120.

Le management: règles d'action et projets épistémologiques

> «*In this article, I shall indicate how I think management by objectives, as currently practiced in most organizations, is self-defeating, and serves simply to increase pressure on the individual.[196]*».

Ceci donne parfois lieu à la recombinaison de ces critiques en règles axiologiques, proposant de gérer sur la base d'autres valeurs que celles officiellement déclarées[197]. Ainsi, si le projet philosophique dans sa dimension critique nourrit des réflexions ne débouchant pas nécessairement sur des prescriptions précises, il peut se transformer à l'occasion en un appel à une action managériale guidée par d'autres valeurs.

Le projet idéographique s'exemplifie en management par la documentation de cas concrets décrivant gestionnaires et organisations, se racontant et racontant leur histoire[198]. Les éditeurs de la *Havard Business Review* présentent ainsi un article à visée essentiellement idéographique:

> «*The editors of the review therefore welcome the opportunity to present the following two descriptions of barriers and gateways to communication, in the thought that they may help to bring the problem down to earth and show what it means in terms of simple fundamentals[199]*».

La connaissance du management est alors essentiellement descriptive et/ou repose sur un mode narratif présentant biographie ou autobiographie de ce que font les acteurs au quotidien, avec une insistance marquée pour la richesse du détail nourrissant la représentation des situations et de leur déroulement dans le temps. Ces histoires se matérialisent, par exemple, sous forme de cas servant de support pédagogique à l'enseignement de la gestion, contribuant à

---

[196] Voir: Levinson (1970), p. 126.
[197] Voir: Le Goff (2000), p. 9-49.
[198] Voir: Boltanski (1982), p. 13-22.
[199] Voir: Rogers et Roethlisberger (1952), p. 46.

76

établir entre autres choses, nombre de règles conventionnelles caractérisant les traditions managériales.

Le projet nomothétique traverse le management principalement par le produit du travail de ses universitaires/
chercheurs voyant dans la gestion un objet d'étude à expliquer au même titre que d'autres phénomènes sociaux. Cô-
toyant dès lors nombre de disciplines s'intéressant au social, à l'humain, à l'économie, au politique, etc., le management en reflète plusieurs des théories et méthodes, que
l'on transpose à l'étude de l'organisation[200]. Dans ce prolongement, le management devient une connaissance académique se dotant de certaines des propriétés d'un champ
scientifique[201] qui se donne pour visée l'explication de ce
domaine d'activité, dans laquelle la vulgarisation reste, par
ailleurs, un aspect secondaire[202]. Quoique non exclusivement, l'explication se fait alors volontiers par la mise en
relation de règles déterminantes, faisant du management
une variable fonction d'autres phénomènes. Ceci peut
s'exemplifier de la façon suivante:

> «[...] *my primary purpose is to construct a theoreti-
> cal framework that may explain some of the princip-
> al dimensions of managers' views and some of the
> implications of their beliefs and opinions, drawing
> on the research to illustrate my views.*»[203].

Posant la gestion par quatre règles d'action et quatre
projets de connaissance, il est ainsi théoriquement possible
d'envisager le management comme produit croisé des
combinaisons que cette approche permet. En effet, si chacun des projets peut être vu comme participant de
l'élaboration d'un type de règle privilégié, ils ne s'y rédui-

---

[200] Voir: Burrell et Morgan (2000); Morgan (1999).
[201] Voir: Whitley (1984c); Whitley (1984d).
[202] Voir: Whitley (1985).
[203] Voir: Miles (1965), p. 149.

sent pas et ne s'assimilent qu'indirectement au développement de règles managériales. Par ailleurs, il est également possible d'envisager chacune des règles indépendamment de ce qui serait son projet épistémologique d'origine.

Management: pôles d'action et de connaissance

Le croisement de l'action et de la connaissance ouvre dès lors à évoquer théoriquement le management comme étant tributaire de combinaisons de chacune des règles et de chacun des projets.

Management: Action et connaissance	Projet normatif — Le management est une connaissance visant à établir des normes	Projet critique — Le management est une connaissance visant à critiquer	Projet idéographique — Le management est une connaissance visant à décrire	Projet nomothétique — Le management est une connaissance visant à expliquer
Règle instrumentale — Le management est une action réglée par la raison	**Pôle praxéologique**	Projet critique / Règle instrumentale	Projet idéographique / Règle instrumentale	Projet nomothétique / Règle instrumentale
Règle axiologique — Le management est une action réglée par le bien	Projet normatif / Règle axiologique	**Pôle éthique**	Projet idéographique / Règle axiologique	Projet nomothétique / Règle axiologique
Règle conventionnelle — Le management est une action réglée par la tradition	Projet normatif / Règle conventionnelle	Projet critique / Règle conventionnelle	**Pôle descriptif**	Projet nomothétique / Règle conventionnelle
Règle déterminante — Le management est une action réglée par la loi quasi naturelle	Projet normatif / Règle déterminante	Projet critique / Règle déterminante	Projet idéographique / Règle déterminante	**Pôle théorique**

Tableau 4: Matrice de règles et projets en management

À la question «qu'est-ce que le management comme savoirs?», il est donc proposé une réponse consistant à dire que le management est à la fois action et connaissance.

Le management: règles d'action et projets épistémologiques

Comme le montre le tableau 4, l'un et l'autre de ces deux points d'ancrage théoriques pouvant être regroupés en quatre déclinaisons respectives, leurs combinaisons autorisent 16 possibilités distinctes de développement. Parmi ces 16 points de rencontre entre les règles d'action et les projets de connaissance, quatre pôles combinent connaissance et action autour de préoccupations plus aisément assimilables. Ainsi, bien que relativement dissociables par les approches théoriques qui les informent, les règles d'action et les projets de connaissance se juxtaposent, se combinent, et s'hybrident mutuellement. D'ailleurs, comme le reprend la figure 1, la combinaison des projets de connaissance et des règles d'action peut se traduire en polarisations privilégiées, ce qui fait écho en partie à la caractérisation que font les écrits universitaires à propos de la gestion.

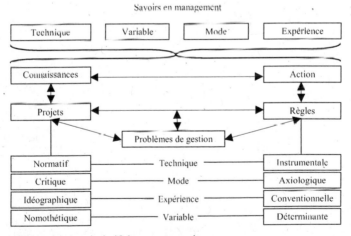

Figure 1: récapitulatif des correspondances

Dans cette veine et en suivant les combinaisons du tableau 4, la rencontre entre le projet normatif et les règles instrumentales s'articule autour de démarches visant et reflétant, en management, la mise en prise d'une praxéologie. Orienté vers un devoir-être d'efficacité, le pôle praxéologique combine normes et règles qui proposent autant de moyens encadrant et prescrivant les manières d'y parvenir, peu importe la fin précise recherchée. C'est principalement à cette enseigne qu'est logé le management comme action rationnelle délibérée fondée sur la raison humaine au sein du pôle praxéologique. Le projet critique, bien que ne se donnant pas pour première visée d'établir des règles, oriente cependant la réflexion autour des finalités axiologiques de l'action, celles-ci pouvant être comprise au plan idéel comme une articulation dirigée des principes et valeurs vers un bien. Incorporant des règles axiologiques qui donnent lieu à une caractérisation de l'action et des connaissances managériales autour du pôle éthique, les travaux qui dénoncent les techniques de management illustrent ce que l'on peut y repérer. Le projet idéographique, centré sur la documentation de cas particuliers concrets, contribue à fonder et établir des règles conventionnelles qui régulent l'action par habitude ou tradition, et qui sont mobilisées tacitement par les acteurs. Polarisant un domaine *expérientiel* consacrant la primauté de la description donnant lieu à des monographies de formes historiographiques ou ethnographiques, le pôle descriptif regroupe par exemple bon nombre des travaux où le management y est entrevu par la narration d'expériences vécues racontées sous forme de cas. Le projet nomothétique explique le management par une variété de déclinaisons théoriques, contribuant ainsi à fonder l'action sur la base des règles qui la déterminent. L'éventail des options théoriques expliquant le management tend à enrichir le pôle théorique des lois quasi naturelles et de déterminations diverses.

Finalement, si les quatre polarisations esquissées ci-dessus étayent des combinaisons privilégiées entre les deux registres, il est théoriquement possible d'envisager tous les croisements des projets et des règles qui complèteraient le tableau. Conséquemment, les 16 points de rencontre constitueraient autant d'ancrages que l'on pourrait vouloir considérer en déclinant le management par cette matrice.

De la pureté aux hybrides en passant par le réseau

Posés théoriquement par une matrice où s'opèrent 16 combinaisons possibles d'action et de connaissance, les savoirs en management apparaissent ainsi comme les produits croisés génériques des 4 règles d'action et 4 projets de connaissance. Pour réductrice que puisse être cette matrice, elle n'en demeure pas moins nécessaire à des fins de compréhension, puisque comme Piaget l'argumente, toute connaissance implique forcément une réduction du réel considéré.

Néanmoins, en examinant la diversité des savoirs qui constituent le management et en prolongeant l'idée de combinaisons, ce réel peut également s'accommoder d'un mode préhension qui enjoindrait à examiner ceux-ci dans leur indéfinie variété. Pour témoigner de cette complexité où les hybrides pullulent sous l'apparente pureté des socles classificatoires, un bref détour par le réseau peut s'avérer utile. En effet, si le réseau renvoie à des ensembles théoriques et empiriques aussi divers que disparates[204], il semble précisément approprié pour envisager des phénomènes s'hybridant, comme d'un management maintenant davantage aplani, d'une organisation de l'information qui délaisse les herbiers pour se donner à l'entendement sous forme

---

[204] Voir: Parrochia (2001).

de toile, et d'une organisation du travail qui échange parfois la linéarité des processus de direction et de production pour éventuellement se coordonner par d'autres modalités, dont la simple connectivité[205].

Par ailleurs, le fait que l'attrait pour le réticulaire soit relativement récent n'ampute pas la pertinence d'employer le réseau pour caractériser des construits qui s'apparentent davantage par exemple à des appareils ou hiérarchies[206]. Ainsi, malgré le caractère transitoirement annoncé de ce que la forme réticulaire permet de faire[207], elle reste cependant suffisamment dans l'air du temps pour objectiver la constitution des savoirs en management. Effectivement, puisque la mise en réseaux n'oblige ni une définition fixe de ce que les points recouvrent, ni une formalisation arrêtée de ce que les relations traduisent, elle autorise également la prise en compte de structures hiérarchiques ou d'autres formes réticulaires[208].

Dans cette veine, les règles d'action et projets de connaissance en management se renouvellent, au moins dans leurs énoncés, et marquent une rupture par rapport au passé et une ouverture vers l'avenir, ce qui témoigne d'une forme d'évolution et façonne les manières de gérer à venir. C'est par exemple ainsi que la méritocratie d'une direction par objectifs et le renouvellement du rôle du cadre des années 60 se constituent contre la rigidité du gigantisme bureaucratique des périodes précédentes, et enrégimentent l'autonomie et la souplesse encore plus grande du coach menant à bien des projets dans les années 90[209]. À ce niveau, on peut éventuellement se demander si les nouveautés affichées ne sont que de simples changements d'étiquettes

---

[205] Voir: Callon, *et al.* (1999), p. 1-11.
[206] Voir: Lemieux (1999), p. 3-24.
[207] Voir: Law (1999).
[208] Voir: Lazega (1998).
[209] Voir: Boltanski et Chiapello (1999), p. 93-230 et 643-662.

destinés à rafraîchir le discours ou si elles témoignent d'une évolution réelle. Ceci appelle cependant dans les deux cas à considérer les savoirs managériaux dans une perspective évolutive, où les recombinaisons sous forme d'hybrides sont la règle que quelques puretés exceptionnelles viennent confirmer.

Chapitre 6

LE MANAGEMENT
COMME HYBRIDATION DES SAVOIRS

Si voir des réseaux d'hybrides partout et tout le temps peut implicitement conduire à avaliser une allégation du type «tout est dans tout et inversement et son contraire», la démarche proposée ici se borne à discuter quelques maniè-res de voir le management comme hybridation des savoirs à partir de la mise en relation de conceptions issues de la matrice théorique. Ce dernier chapitre profite en effet de cette fenêtre rhétorique pour répercuter des pistes de dis-cussions élaborées ailleurs[210]. L'articulation proposée de ce qu'est le management donne prise à quelques éléments de débats qui insistent d'abord sur la médiation et l'hybridation des registres pour ensuite camper la centralité relative du pôle praxéologique par rapport aux autres pôles.

Problématiques de gestion
et hybridation des registres

L'importance relative que prend le pôle praxéologique comme facteur moteur d'hybridation des autres registres prend appui sur l'idée selon laquelle, pour le management, tout est matière à problématiques de gestion. En effet, tant

[210] Voir: Noël (2006).

au niveau de l'action que de la connaissance, lorsque le management appréhende, comprend, intervient ou réagit, c'est pour tenter de régler les problèmes qu'il construit.

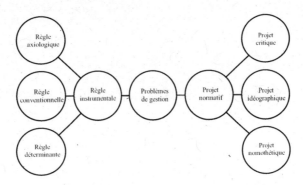

Figure 2: Hybridation des problèmes, projets et règles

Comme le suggère la figure 2, la construction et la résolution de problèmes de gestion est le nœud de réseau privilégié au sein duquel l'hybridation des registres de connaissance et d'action se matérialise.

Les projets épistémologiques constituant les trames de connaissances mobilisées et évoquées à la fois pour construire et comprendre ces problématiques, la manière d'établir, de poser ou de comprendre des problématiques de gestion est conçue de la façon suivante: tous les savoirs en management conduisent à «normer» la gestion, soit par l'intention déclarée de le faire, soit par une hybridation argumentative intervenant en cours de raisonnement. Cette hybridation s'explicite de la façon suivante: les savoirs en management peuvent être fondés sur l'un ou l'autre des projets normatif, critique, idéographique et nomothétique par un double mouvement d'hybridation. En premier lieu, les savoirs en management déclarent explicitement ou implicitement une intention épistémologique caractéristique de l'un ou l'autre des quatre projets, c'est-à-dire d'établir des normes, de proposer une réflexion critique, de décrire ou d'expliquer. En second lieu, cette intention est supportée par un argumentaire, lui aussi plus ou moins explicite, faisant intervenir l'un ou l'autre des quatre projets, et contribuant ainsi à problématiser l'objet de ce qui est matière à gestion. Ceci veut dire que pour poser et régler un problème, le management peut soit manifester une intention normative, soit développer un argumentaire normatif concourant à établir des normes à partir d'une intention autre (critique, idéographique, ou nomothétique). En effet, à la lecture du management et procédant de cette herméneutique particulière, on peut relever l'annonce d'une intention critique, idéographique ou nomothétique. Cette intention est cependant systématiquement doublée d'un argumentaire contribuant à proposer des normes de gestion, traduisant ainsi le propos des autres projets en normes. Le premier cas de figure évoqué plus haut est donc symétriquement inverse au second dans la mesure où lorsque les savoirs en management affichent une intention normative, ils la doublent d'une argumentation faisant intervenir un point d'appui apparenté à l'un ou l'autre des projets critique, idéographique ou nomothétique, c'est-à-dire une description ou une explication du management, ou une réflexion critique à propos de celui-ci.

De façon à la fois complémentaire et distincte des projets de connaissance mobilisés pour construire et connaître les problématiques de gestion, pour le management, ces dernières posent problème et demandent à être réglées. Dans cette optique, les savoirs en management proposent et justifient une variété de règles d'action afin d'apporter des solutions aux problématiques qu'ils soulèvent. Par cette lecture, traversé par des règles instrumentales, axiologiques, conventionnelles ou déterminantes, le management se rapporte conséquemment à la typologie théorique de l'action qui fait intervenir ces quatre registres.

Ceci veut dire que l'établissement des problématiques de gestion concourt à dépeindre une représentation de l'action principalement instrumentale, axiologique, conventionnelle ou déterminante. Plus spécifiquement et toujours par le filtre herméneutique employé ici, les savoirs en management établissent une multitude de règles se rapportant à cette typologie, dont les opérations de construction peuvent être dédoublées en deux mouvements. Ainsi lorsque la représentation de l'action met à l'avant-plan une règle instrumentale, elle dépeint cette action comme étant le produit délibéré de la raison humaine, mais ne peut le faire qu'à partir de valeurs, conventions ou déterminations implicitement ou explicitement sous-jacentes à la problématisation. À l'inverse, lorsque la caractérisation d'un problème de management est de nature axiologique, conventionnelle ou déterminante, les savoirs articulés pour régler ce problème instrumentalisent l'action en rationalisant les autres types de règles dans l'établissement de solutions. Le premier mouvement d'hybridation de l'action consiste donc à faire valoir une règle instrumentale caractérisée par une rationalité délibérée de régler l'action par une adéquation des moyens aux fins, en justifiant le contenu du propos sur la base de lois quasi naturelles, de principes axiologiques, et de conduites conventionnelles. Le second mouvement d'hybridation établit un savoir managérial prenant d'abord la forme d'une règle axiologique, conventionnelle ou déterminante recombinée par une médiation productrice de règles instrumentalisées. Le management donne donc prise à une seconde opération de traduction qui hybride les différents registres d'action. Vecteur d'instrumentalisation de nombreuses facettes du réel, les savoirs en management consacrent ainsi la mise en prise d'autres logiques d'action par l'agir administratif téléologique. Se voulant non seule-

88

ment rationnel en finalité pour lui-même, ce dernier s'approprie également d'autres systèmes de règles qu'il contribue à transformer et remodeler à sa façon.

Donc, au niveau de la connaissance, puisque les savoirs en management conduisent à «normer» la gestion, soit par l'intention déclarée de le faire, soit par hybridation, le point de rencontre principal entre les quatre projets épistémologiques est le registre normatif. De manière similaire, au niveau de l'action, les savoirs en management font de la règle intrumental(isé)e la catégorie d'action privilégiée, par représentation instrumentale de l'action ou par hybridation des autres types de règles qui deviennent les instruments d'un management se voulant réfléchi et rationnel.

Centralité
du pôle praxéologique

Une des contributions que cette optique avance consiste ainsi à voir dans la gestion l'interaction d'un double mouvement: l'intention de connaître et d'établir les normes de l'agir efficace, doublée de l'action humaine délibérément réfléchie s'appuyant pour ce faire sur sa propre raison. Confrontés à un réel administratif problématique qu'ils contribuent à construire, les deux registres épistémologique et théorique formellement prédominants en management sont le projet de connaissance normatif combiné à la règle d'action instrumentale. Le management se fait ainsi le vecteur d'une praxéologie concourant à établir des normes d'action se voulant rationnelles, par traduction et hybridation des autres projets de connaissance et types de règles d'action.

Au plan épistémologique, la prégnance normative des intentions et des problématisations en gestion constitue le terrain de rencontre favori entre les quatre projets, ce qui marque l'attachement des savoirs managériaux à connaître et à comprendre le management comme praxéologie consistant à proposer des normes d'action. Sur le plan des théories de l'action, le management regroupe des contenus cognitifs s'étayant en autant de problématiques de gestion, qui, articulées par de multiples règles, forment une «grammaire» de l'action managériale, dominée par un pôle praxéologique qui y établit systématiquement des règles instrumental(isé)es. Pour ne pas être équivalentes à des règles juridiques, elles n'en impriment pas moins des formes de devoir-être plus ou moins affirmées, dont le potentiel habilitant est corrélativement source de contraintes et d'obligations, que le gestionnaire peut décider, ou non, d'endosser. Ainsi, les savoirs en management se constituent principalement comme un type de connaissance et d'action visant à établir ses normes et ses règles, que par ailleurs rien ne contraint à suivre, si ce n'est l'acceptation de l'intention ou de la représentation qui concourt à y enjoindre.

Donc, par ces deux opérations d'hybridation dominantes, le management fait œuvre de praxéologie, donnant lieu à être appréhendé sous la forme d'une variété d'hybrides théorico-épistémologiques établissant et tentant de régler diverses problématiques de gestion. Ancrée dans un projet normatif instrumentalisant des règles pour l'action managériale, la gestion est ainsi caractérisée par deux opérations d'hybridation mettant à l'avant-plan des savoirs qui y sont développés la «praxéologisation» de l'action et de la connaissance en management.

Évolution et recombinaisons des savoirs en management

À partir de l'option développée dans ce chapitre, augmenté du constat qui tient presque du sens commun à l'effet qu'en l'espace de moins d'un siècle, la quantité et la variété des réalités que le management façonne n'ont cessé de s'étendre, tout le réel semble, peu à peu, devenir matière à problématiques de management.

Effectivement, partant de réels problèmes d'approvisionnement, de gestion des stocks, de transport de marchandises, de commercialisation de produits et d'organisation du travail, le management a peu à peu étendu ses sphères d'activité à de nombreux domaines qui débordent nettement le cadre de la gestion des entreprises. En problématisant ces questions et en y apportant des solutions, le management a également réussi à provoquer deux phénomènes qui peuvent s'interpréter comme le produit plus ou moins intentionnel de son action, à la fois au niveau du management des entreprises, mais également dans une variété de domaines qui paraissent de prime abord fort éloignés de celui-ci.

En premier lieu, au niveau de la gestion des entreprises, les solutions aux problèmes d'hier sont devenues les problématiques d'aujourd'hui, tant et si bien que moyennant un soupçon de prospective hypothétique, on pourrait aisément supposer qu'une logique similaire va prévaloir pour ce qui est à venir, c'est-à-dire que les règles de gestion d'aujourd'hui vont, demain, être problématisées comme des questions à résoudre. Cette dynamique particulière semble être au principe même de la modernité qui, comme le montrent Giddens et Beck, s'alimente de ses conséquences inattendues. En termes de management, elle assure, en quelque sorte, un vivier de problèmes potentiels aux savoirs managériaux, ne serait-ce que parce que l'action administrative entraîne des conséquences qui seront inévitablement défavorables sous certains aspects, et qu'il va falloir les régler lorsqu'elles se matérialiseront. Une première partie de la logique auto-expansive résultant de la conjonction entre le pôle praxéologique et les réalités de gestion que le management aborde, tient à ce que les règles qu'il propose impriment le réel à venir. Maintenant en son principe une logique de résolution de problèmes dans sa manière d'appréhender ce réel, il s'assure ainsi d'une manne de problèmes futurs, qui résulte à la fois de cette logique et de sa propre action face à des réalités administratives. En restant dans le domaine de la gestion des entreprises ou des organisations, le management crée ainsi une partie des conditions pour assurer son auto-expansion.

En second lieu, puisque les savoirs managériaux s'intéressent non seulement à la gestion des entreprises, mais également à la gestion de facettes de plus en plus variées et étendues du réel, la logique praxéologique ne se combine cette fois plus uniquement à des réalités de prime abord strictement administratives. Ces savoirs font ainsi passer dans la moulinette de sa logique des réalités qui n'en demandaient peut-être pas tant, mais qui se voient néanmoins peu à peu colonisées par la gestion. En conséquence, il est désormais question de gérer à peu près tout ce qui peut l'être, ce qui peut s'interpréter comme un second facteur concourant à l'expansion du système praxéologique. Ainsi, débordant du strict cadre des entreprises privées pour s'étendre à tous les autres types d'organisations et plus largement encore, à des phénomènes aussi multiples que divers, ce second vecteur de déploiement, problématisant l'univers au complet, universalise sa logique; dans la manœuvre il universalise aussi les principes qui le sous-tendent, et les articulations opératoires qu'il permet et privilégie[211].

Face à cela, on pourrait objecter qu'il suffirait d'arrêter d'appréhender intellectuellement le réel comme problématique pour mettre un frein à l'expansion de cette logique. D'une part, il y a fort à parier qu'il se trouvera de nombreux gestionnaires pour apporter un sérieux bémol à cette

---

[211] Voir: Noël (2006).

dernière assertion puisqu'ils sont aux prises avec la réalité concrète des problèmes de management. D'autre part, ne plus voir le verre à moitié vide d'un réel administratif problématique à résoudre, pour le saisir à moitié plein, voire même à ras bord, de défis à surmonter, de visions à mettre en place, de projets mobilisateurs par lesquels s'auto-réaliser, et pourquoi pas de décider de laisser libre cours à la quasi-nature des choses, la logique d'un embrayeur praxéologique reste en ces cas sensiblement la même, et l'action entraîne inévitablement son lot de conséquences, qui appelleront manifestement d'autres règles d'action, étendant ainsi d'autant le phénomène.

Donc, logeant nombre de problématiques au centre de ce qui les habite, les savoirs en management maintiennent une logique de résolution de problèmes qui ne cesse à la fois de s'étendre, mais également de se transformer dans ses contenus, les solutions d'hier devenant les problèmes d'aujourd'hui. Imprimant le réel à venir en incorporant de plus en plus de phénomènes, le pôle praxéologique se meut en un système auquel rien ne semble *a priori* pouvoir résister. À partir de là, si tout le réel percole d'une façon ou d'une autre dans et par les savoirs managériaux, et que les manières de le régler souscrivent à l'une ou l'autre des articulations praxéologiques et des hybridations qui y président, le déploiement du système ne semble plus avoir de cran d'arrêt. Pour s'en convaincre, une piste de discussion consiste à se demander, dans les limites du pourtour théorique au sein duquel est construit ce petit ouvrage, si l'un ou l'autre des autres projets ou des autres types de règles d'action serait en mesure d'arrêter, ou ne serait-ce que simplement de freiner, l'emprise que prend le management.

Un brin de fiction, ou la bataille des espaces théorico-épistémologiques

Épistémologiquement parlant donc, si l'espace praxéologique domine en management, trouverait-on dans les autres polarisations privilégiées une manière de contenir le développement croissant de l'emprise qu'il prend? Une petite fiction théorico épistémologique peut ainsi respectivement mettre aux prises l'espace praxéologique, et les trois autres polarisations privilégiées, soient la conjonction du projet critique et de la règle axiologique, la rencontre des règles conventionnelles en terrain idéographique, et finalement le projet nomothétique et sa spécialité locale, la règle déterminante.

En premier lieu, face à l'empire praxéologique, et en y projetant le regard critique considérant l'industrie rhétorique du devoir-être efficace et la caractérisant comme tel, on pourrait fort bien arguer que tout ceci n'est qu'un lucratif discours, et que l'aura du mieux dont il dit s'auréoler crée en fait davantage de problèmes qu'il n'en résout. Outre le fait que dans cette veine, la critique se situe aussi sur un terrain industriel et un créneau de marché dont la gestion maîtrise certains des leviers au moins aussi bien que la philosophie critique, celle-ci ne s'y trouverait donc en posture favorable qu'au prix et, parfois, au profit du sacrifice de se prêter au jeu d'un certain nombre des principes qu'elle dénonce; c'est-à-dire qu'elle se révèlerait efficace non seulement dans son argumentaire, mais également dans la mise en marché de son propre discours. Par ailleurs, comme évoqué plus haut, la critique ferait alors éventuellement œuvre d'avancement vers un mieux, ce qui rejoint tout à fait les préoccupations praxéologiques. En outre, si la critique n'en était plus une portée par un idéal de progrès alimenté par la raison humaine, mais une critique fortement différenciée des valeurs véhiculées par le projet des Lumières, le pôle praxéologique aurait tôt fait de la comprendre par ses propres référents, et ainsi d'y voir la manifestation de règles axiologiques ou conventionnelles qu'il s'agit de ne pas reproduire, donc comme un problème à régler. Dans ce dernier cas, les moyens mis en œuvre pour régler le problème seraient tout probablement au moins aussi importants que l'impact effectif qu'aurait provoqué la critique; ces moyens se trouveraient, en outre, multipliés par la longueur perçue de la distance axiologique qui sépare les valeurs portées par la critique, par rapport à celles de ceux qui y verraient matière à problèmes[212]. Finalement, peu importe où serait logé l'idéel cognitif des acteurs protagonistes de cette fiction, des deux côtés, le prolongement matérialisé de l'action risquerait fort bien de faire intervenir une rationalité délibérée, cherchant les moyens des fins qu'elle dit porter en son nom, ou dont elle se fait le procureur ou mandataire exécutoire.

En second lieu, le projet épistémologique idéographique et son terrain de prédilection, la règle conventionnelle, pourraient ne pas chercher à mettre un frein à l'embrayeur praxéologique, puisque chercher à le faire reviendrait également à participer de cette dernière logique. Le poids des conventions, la force des habitudes, le respect des traditions, le fugace de l'instant présent, les particularités des situations, bref toutes ces singularités uniques, dont le projet idéographique a fait sienne la spécialité de leurs descriptions, pourraient ainsi être vues comme un frein à l'expansion du système praxéologique. Dès lors, il s'agirait de scinder l'action de sa connaissance. En effet, l'idée même de «projet» idéographique implique une intention délibérée de décrire, se doublant de règles articulant les moyens de mieux faire l'histoire, l'ethnographie, le compte-rendu, la narration de l'évènement, etc. Ceci revient à

---

[212] Voir: Dagenais (2008), p. 123-184.

exercer une praxéologie de la connaissance consistant à décrire. Le projet de connaissance idéographique se trouve donc également empreint de dimensions praxéologiques, pour peu que l'on veuille en appréhender. Le frein au système praxéologique peut donc difficilement se trouver dans le projet de connaissance descriptive. Qu'en serait-il de l'action décrite elle-même? Là, les possibilités semblent plus propices, puisque l'action, particulièrement tradition-nelle ou conventionnelle, semble fort bien pouvoir servir de rempart temporaire contre l'espace grandissant du projet praxéologique. Pour le management cependant, comme l'argumente ce chapitre, la cause est entendue depuis long-temps. L'espace descriptif des règles d'action décrites est très rapidement absorbé par le pôle praxéologique qui en le problématisant le transforme prestement soit en une conduite à imiter soit en une habitude à revoir. En outre, les pratiques que l'on identifie comme conventionnelles sont, la plupart du temps, elles-mêmes identifiées comme étant la résultante d'efforts praxéologiques antérieurs, ayant visés l'amélioration des manières de gérer, et sont donc la conséquence d'un processus de rationalisation pensé et agit comme tel par le passé. Dès lors, la fiction d'une bataille entre les espaces praxéologique et descriptif semble réellement fictive, puisque le second a tôt fait d'enrichir le premier. L'espace praxéologique réémet dans cette veine d'autres règles qui vont, au moins en gestion, façonner l'articulation des conventions à venir.

Dernier rempart contre le pôle praxéologique et le rela-tif embrouillamini épistémologique qu'il véhicule: le projet nomothétique dans sa rigueur méthodologique, et les règles déterminantes qu'il découvre, sous son espace privilégié, le théorique. La fictive bataille rangée peut ici se ranger sous une lorgnette méthodologique, puisque le projet nomothé-tique se veut volontiers le dépositaire des critères et mé-thodes définissant le produit de son travail comme étant de la science. Par sa visée, on pourrait voir là encore œuvre de praxéologie dans le projet auquel il s'identifie, par intention délibérée de mettre en œuvre une rationalité s'orientant vers l'objectif de découvrir des lois explicatives, d'autant que ce projet est le complément direct du management au cœur du projet moderne dans son ensemble. Éventuellement cependant, le projet nomothétique se mettra entre parenthèses pour s'effacer en toute neutralité, au profit de son objet de recherche, quel qu'il soit, et ne fera que présenter l'articulation des lois causales ou déterminantes qu'il y découvre, avec toute l'objectivation que l'on prête ou non à la manœuvre. Cependant, les méthodologies et principes de recherche édictés pour faire de la science, et parfois tenter de la distinguer de la non-science, bien que ne visant pas le mieux mais le vrai, participent également d'une forme de praxéologie particulière, celle qui consiste à trouver les moyens d'atteindre ce vrai, comme on peut en trouver le détail des articulations dans les manuels de méthodologie. Là encore donc, il semble difficile de résister à l'expansion de l'espace qu'occupe le pôle praxéologique, puisqu'il se trouve à marquer de manière significative l'espace épistémologique nomothétique qui pourrait lui servir de garde-fou. Par contre, tout comme pour les règles conventionnelles, on pourrait voir dans les règles déterminantes une source de frein au système praxéologique. En effet, des lois aussi déterminantes que celle de la gravité semblent impossibles à supprimer par la seule rationalité en finalité augmentée d'une norme qui enjoindrait à le faire. En cela, la praxéologie se heurte à un frein de taille, non pas le projet nomothétique, mais plutôt les règles déterminantes que ce dernier établit. Qu'elles fassent intervenir la nature ou le social, certaines de celles-ci constituent un obstacle particulier au développement tous azimuts de la logique praxéologique. Mais, qu'à cela ne tienne, puisque cette dernière procède avec les règles déterminantes un peu comme elle le fait avec les règles conventionnelles! D'abord, elle est partie prenante de leur articulation au niveau du caractère projectif de l'action tout autant que de l'efficacité des moyens, peu importe le fait de voir ou non dans la science un projet. En second lieu, le système praxéologique intègre tout aussi bien les règles déterminantes que les règles conventionnelles, du moins en management, puisqu'il en tient compte et s'en fait des alliées dans ses manières de problématiser et de régler les situations de gestion.

Dès lors, si la bataille fictive entre espaces théorico-épistémologiques ne semble pas être en mesure d'opposer un quelconque frein à la praxéologie managériale comme système de connaissance et d'action, qui pourrait bien le faire?

CONCLUSION

Ce petit ouvrage problématise donc le management par une lorgnette remettant en question, tout en les recoupant, les quatre principales manières de voir celui-ci, tel qu'elles peuvent s'envisager par une recension des écrits. Ainsi, il soutient que le management n'est pas que processus technique, variable d'une équation, rhétorique à la mode ni expérience vécue. Privilégiant une piste épistémologique dans son articulation, le résultat principal à cet égard est la proposition d'un cadre permettant de combiner certaines des théories de l'action et de la connaissance afin de donner un relief complémentaire à ce que les écrits spécialisés entendent habituellement à propos du management.

Marquant l'équivoque qu'il peut y avoir à considérer de façon univoque l'objet abstrait qu'est le management, par l'une ou l'autre de ces quatre manières, l'ouvrage donne lieu à un cadrage théorique de ce qu'est le management sous l'angle des savoirs. Celui-ci consiste à expliquer comment le management développe des problématiques de gestion par l'édification de normes et de règles pour l'action, hybridant action et connaissance en une praxéologie. Expliquant les savoirs en question comme consistant à poser et régler des problèmes de gestion, ce qui se traduit par la conjonction de projets épistémologiques et de règles d'action dont le management se fait le médiateur, il élabore ainsi une «grammaire» destinée à gérer.

Au plan praxéologique, l'ouvrage ne propose pas de résultats en termes de «devoir-être» univoque, ce que paradoxalement il pourrait impliquer de façon univoque. C'est-à-dire que les manières de poser et régler les problèmes de gestion, bien que variées, se construisent cependant toutes par une double hybridation. À ce titre, l'hybridation des registres de connaissance et d'action par l'embrayeur praxéologique est la règle suivie. Une implication pourrait tendre à vouloir traduire praxéologiquement cette prise de position théorique en une norme à instrumenter. Ceci voudrait dire non seulement que gérer consiste à poser et régler des problèmes par une variété de croisements différenciés entre action et connaissance, mais que par conséquent c'est ce qu'il faille faire pour faire œuvre de management.

On ne répondrait plus alors à la question de recherche telle que formulée, mais on proposerait alors une réponse à l'interrogation suivante: «quelles devraient être les règles qui guident le management?» On passerait ainsi d'une option pour partie implicitement épistémologiquement normative appliquée à la manière de saisir l'objet disant qu'il peut être compris comme pôle praxéologique occupé à poser et régler des problèmes, à la mise en œuvre d'une recherche portée par une intention normative cherchant à proposer des règles instrumentales, ce qui demanderait davantage de discussions.

Par ailleurs, la trame conceptuelle des problématiques de management pourrait être mise en lien avec le tissu social dans lequel elle s'inscrit, donnant par là un relief supplémentaire à sa construction. Ainsi, le management façonne et est façonné par et dans l'organisation d'un certain travail qui met aux prises nombre d'acteurs individuels et collectifs en interactions dans différents champs d'action[213]. La mise en relation des trajectoires professionnelles de ces acteurs, les organisations dans lesquelles ils le font[214], et ce qu'ils produisent comme contenus, serait susceptible de positionner socialement la construction des savoirs de management. Dans cette veine, la diversité des manières d'envisager la construction des savoirs peut être entendue comme produit d'une structure et d'une histoire[215]. De manière plus précise, la structure exprime l'idée d'une structuration à la fois cognitive et sociale et l'histoire marque la combinaison d'actions inscrites dans le temps et dans leurs contextes. Il s'est ainsi développé et documenté l'idée selon laquelle les savoirs ne s'apprécient pas qu'en termes idéels[216], pour aussi parfois se comprendre par leur industrialisation et commercialisation[217]. Dans cette perspective, en reprenant un certain nombre de travaux issus de caractérisations nomothétiques de la gestion, pourrait être poursuivie l'idée que les connaissances managériales sont produites principalement par des universitaires, des consultants et des gestionnaires eux-mêmes, et destinées à un large public de gestionnaires qui en feront ou non usage, contribuant de fait à régler l'action organisée[218]. Il s'agirait ainsi, en termes de piste de recherches à effectuer, de considérer l'ancrage sociocognitif organisationnel de la production des savoirs en management.

Pour l'heure, polarisés par quatre combinaisons privilégiées entre action et connaissance, les savoirs en manage-

---

[213] Voir: Bourdieu (1971).
[214] Voir: Mintzberg (1979); Whitley (1984c); Whitley (2008).
[215] Voir: Piaget (1967), p. 1225-1271; Déry (1988).
[216] Voir: Bourdieu (1975); Fuller (1991), p. 3-30; Latour (1994); Boudon (1994); Bourdieu (1997); Vinck (2006).
[217] Voir: Gibbons, et al. (1994); Etzkowitz et Webster (1998), p. 47-71; Slaughter et Leslie (1999), p. 208-245; Gingras (2003).
[218] Voir: Whitley (1984d); Whitley (1988); Bouilloud (1997), p. 219-269; Mazza (1998).

ment sont donc inscrits théoriquement aux pôles praxéologique, éthique, descriptif et théorique. Appuyant l'idée
selon laquelle les savoirs en gestion sont particuliers en ce
qu'ils contribuent à développer des normes et des règles
pour l'action, l'option théorique y voit la prédominance de
l'ancrage praxéologique donnant naissance à de multiples
hybrides. Par ailleurs, connaissance et action ne sont pas
des états statiques, ce qui impliquerait de considérer, par
cet ancrage, l'élaboration du management dans la durée.

BIBLIOGRAPHIE

Abrahamson, E. (1991). «Managerial Fads and Fashions: the Diffusion and Rejection of Innovations», *Academy of Management Review*, 16, (3), p. 586-612.

Abrahamson, E. (1996). «Management Fashion», *Academy of Management Review*, 21, (1), p. 254-285.

Abrahamson, E. et Fairchild, G. (1999). «Management Fashion: Lifecycles, Triggers, and Collective Learning Processes», *Administrative Science Quarterly*, 44, (4), p. 708-740.

Agazzi, E. (1988). «Philosophie technique et philosophie pratique», dans Hottois, G. (Ed.), *Évaluer la technique*. Paris: Vrin, p. 29-49.

Akin, G. (2000a). «Learning about Work from Joe Cool», *Journal of Management Inquiry*, 9, (1), p. 57-62.

Akin, G. (2000b). «Response to Commentaries on "Learning about Work from Joe Cool"», *Journal of Management Inquiry*, 9, (1), p. 67-70.

Aktouf, O. (1992). «Management and Theories of Organizations in the 1990s: Toward a Critical Radical Humanism?», *Academy of Management Review*, 17, (3), p. 407-431.

Aktouf, O., Chenoufi, M. et Holford, D. W. (2005). «General Issues in Management: The False Expectations of Michael Porter's Strategic Management Framework», *Problems and Perspectives in Management*, (4), p. 181-200.

Aldag, R. J. (1997). «Moving Sofas and Exhuming Woodchucks», *Journal of Management Inquiry*, 6, (1), p. 8-16.

Aldrich, H. E. et Pfeffer, J. (1976). «Environments of Organizations», *Annual Review of Sociology*, 3, p. 79-105.

Alexandre, V. et Gasparski, W. W. (Ed.), (2000). *The Roots of Praxiology*. New-Brunswick (New-Jersey): Transaction Publishers.

Alvarez, J. L. (1998). «The Sociological Tradition and the Spread and Institutionalization of Knowledge for Action», dans Alvarez, J. L. (Ed.), *The Diffusion and Consumption of Business Knowledge*. London: Mac Millan, p. 13-57.

Andler, D. (2002). «La forme», dans Andler, D., Fagot-Largeault, A. et Saint-Sernin, B. (Ed.), *Philosophie des sciences II*. Paris: Éditions Gallimard, p. 1049-1130.

Armstrong, S. J. (1980). «Advocacy as a Scientific Strategy: The Mitroff Myth», *Academy of Management Review*, 5, (4), p. 509-511.

Astley, G. W. (1984). «Subjectivity, Sophistry and Symbolism in Management Science», *Journal of Management Studies*, 21, (3), p. 259-272.

Astley, W. G. (1985). «Administrative Science as a Socially Constructed Truth», *Administrative Science Quarterly*, 30, (4), p. 497-513.

Astley, W. G. et Van de Ven, A. H. (1983). «Central Perspectives and Debates in Organization Theory», *Administrative Science Quarterly*, 28, (2), p. 245-273.

Atias, C. (1994). *Épistémologie du droit*. Paris: Presses Universitaires de France.

Atias, C. (2002). *Épistémologie juridique*. Paris: Dalloz.

Audet, M. et Déry, R. (1996). «La science réfléchie: quelques empreintes de l'épistémologie des sciences de l'administration», *Anthropologie et Sociétés*, 20, (1), p. 103-123.

Audet, M., Landry, M. et Déry, R. (1986). «Science et résolution de problèmes: liens, difficultés et voies de dépassement dans le champ des sciences de l'administration», *Philosophie des sciences sociales*, 1 6, p. 409-440.

Ballet, J. et De Bry, F. (2001). *L'entreprise et l'éthique*. Paris: Éditions du Seuil.

Barley, S., R. et Tolbert, P., S. (1997). «Institutionalization and Structuration: Studying the Links between Action and Institution», *Organization Studies*, 18, (1), p. 93-117.

Barr, P. S., Stimpert, J. L. et Huff, A. S. (1992). «Cognitive Change, Strategic Action, and Organizational Renewal», *Strategic Management Journal*, 13, (SI), p. 15-36.

Barsade, S. G., Ward, A. J., Turner, J. D. F. et Sonnenfeld, J. A. (2000). «To Your Heart's Content: A Model of Affective Diversity in Top Management Teams», *Administrative Science Quarterly*, 45, (4), p. 802-836.

Bédard, R. (1995). «Au coeur du métier de dirigeant: l'être et les valeurs», *L'Agora: Métier et Management*, Octobre, (Hors-série), p. 38-41.

Bégin, L., Lafortune, A. et Rousseau, J.-G. (1996). «Du temps et de l'argent... Réflexions sur le contrôle de gestion dans les entreprises des arts», *Gestion*, 21, (3), p. p. 57-60.

Behling, O. (1980). «The Case for the Natural Science Model For Research in Organizational Behavior And Organization Theory», *Academy of Management Review*, 5, (4), p. 483-490.

Benn, S. I. et Mortimore, G. W. (1976a). «Can ends be rational ? The methodological implications», dans Benn, S. I. et Mortimore, G. W. (Ed.), *Rationality and the Social Sciences*. London: Routledge and Kegan Paul, p. 268-295.

Benn, S. I. et Mortimore, G. W. (1976b). «Technical models of rational choice», dans Benn, S. I. et Mortimore, G. W. (Ed.), *Rationality and the Social Sciences*. London: Routledge and Kegan Paul, p. 157-195.

Berthelot, J.-M. (2001). «Les sciences du social», dans Berthelot, J.-M. (Ed.), *Épistémologie des sciences sociales*. Paris: Presses Universitaires de France, p. 203-265.

Boeker, W. (1992). «Power and Managerial Dismissal: Scapegoating at the Top», *Administrative Science Quarterly*, 37, (3), p. 400-421.

Boltanski, L. (1982). *Les cadres*. Paris: Les Éditions de Minuit.

Boltanski, L. et Chiapello, È. (1999). *Le nouvel esprit du capitalisme*. Paris: Gallimard.

Bonny, Y. (2004). *Sociologie du temps présent: Modernité avancée ou postmodernité*. Paris: Armand Colin.

Boudon, R. (1992). «Action», dans Boudon, R. (Ed.), *Traité de sociologie*. Paris: Presses Universitaires de France, p. 21-55.

Boudon, R. (1993). *Effets pervers et ordre social*. Paris: Quadrige / Presses Universitaires de France.

Boudon, R. (1994). «Les deux sociologies de la connaissance scientifique», dans Boudon, R. et Clavelin, M. (Ed.), *Le relativisme est-il résistible ?: regards sur la sociologie des sciences*. Paris: Presses Universitaires de France, p. 17-43.

Boudon, R. (1995). *Le juste et le vrai: Études sur l'objectivité des valeurs et de la connaissance*. Paris: Fayard.

Boudon, R. (2003). *Raison, bonnes raisons*. Paris: Presses Universitaires de France.

Boudon, R. et Bourricaud, F. (1982). «Rationalité», *Dictionnaire critique de la sociologie*. Paris: Presses Universitaires de France, p. 445-453.

Boudon, R. et Clavelin, M. (Ed.), (1994). *Le relativisme est-il résistible ? regards sur la sociologie des sciences*. Paris: Presses Universitaires de France.

Bouilloud, J.-P. (1997). *Sociologie et société*. Paris: Presses Universitaires de France.

Bourdieu, P. (1971). «Le marché des biens symboliques», *L'année sociologique*, 22, p. 49-126.

Bourdieu, P. (1975). «La spécificité du champ scientifique et les conditions sociales du progrès de la raison», *Sociologie et société*, VII, (1), p. 91-118.

Bourdieu, P. (1994). *Raisons pratiques: sur la théorie de l'action.* Paris: Éditions du Seuil.

Bourdieu, P. (1997). *Les usages sociaux de la science.* Paris: INRA.

Bourdieu, P. (2001). *Science de la science et réflexivité.* Paris: Éditions Raisons d'agir.

Brahami, F. (2002). «Empirisme et scepticisme dans la philosophie des sciences en Grande-Bretagne aux XVIIè et XVIIIè siècle», dans Wagner, P. (Ed.), *Les philosophes et la science.* Paris: Éditions Gallimard, p. 301-348.

Brilman, J. (2001). *Les Meilleures Pratiques de Management.* Paris: Éditions d'Organisation.

Buckley, P. J. (1991). «The Frontiers of International Business Research», *Management International Review*, 31, (SI), p. 7-22.

Burgelman, R. A. (1991). «Intraorganizational Ecology of Strategy Making and Organizational Adaptation: Theory and Field Research», *Organization Science*, 2, (3), p. 239-262.

Burrell, G. et Morgan, G. (2000). *Sociological Paradigms and Organisational Analysis.* Aldershot: Ashgate.

Caillé, A. (2003). *Critique de la raison utilitaire.* Paris: La Découverte.

Callon, M., Cohendet, P., Curien, N., Dalle, J.-M., Eymard-Duvernay, Foray, D. et Schenk, E. (Ed.), (1999). *Réseau et coordination.* Paris: Economica.

Callon, M., Larédo, P. et Mustar, P. (1995). «Introduction générale», dans Callon, M., Larédo, P. et Mustar, P. (Ed.), *La gestion stratégique de la recherche et de la technologie.* Paris: Economica, p. 9-24.

Calori, R. (1998). «Philosophizing on Strategic Management Models», *Organization Studies*, 19, (2), p. 281-306.

Chalmers, A. F. (1988). *Qu'est-ce que la science ? Récents développements en philosophie des sciences: Popper, Kuhn, Lakatos, Feyerabend.* Paris: Éditions La Découverte.

Chandler, A. D. (1991). «The Functions of the HQ Unit in the Multibusiness Firm», *Strategic Management Journal*, 12, (SI), p. 31.

Chanlat, A. (1995). «Pourquoi réintroduire le métier au coeur de la gestion contemporaine?», *L'Agora: Métier et Management*, Octobre, (Hors-série), p. 2-6.

Chanlat, J.-F. (1990). «Introduction: Vers un anthropologie de l'organisation», dans Chanlat, J.-F. (Ed.), *L'individu dans l'organisation: les dimensions oubliées*. Québec: Les Presses de l'Université Laval, p. 3-30.

Child, J. (1972). «Organizational Structure Environment and Performance: The Role of Strategic Choice», *Sociology*, 6, (1), p. 2-22.

Clark, T. et Salaman, G. (1998). «Telling Tales: Management Guru's Narratives and the Construction of Managerial Identity», *Journal of Management Studies*, 35, (2), p. 137-161.

Coeurderoy, R. et Quélin, B. (1998). «La théorie des coûts de transaction: fondements théoriques et implications managériales», dans Laroche, H. et Nioche, J.-P. (Ed.), *Repenser la stratégie*. Paris: Vuibert.

Coff, R. W. (1997). «Human Asset and Management Dilemmas: Coping with Hazards on the Road to Resource-Based Theory», *Academy of Management Review*, 22, (2), p. 374.

Cohen, E. (1989). «Épistémologie de la gestion», dans Joffre, P. et Simon, Y. (Ed.), *Encyclopédie de gestion*. Paris: Economica, p. 1055-1074.

Cohen, P. S. (1976). «Rational Conduct and Social Life», dans Benn, S. I. et Mortimore, G. W. (Ed.), *Rationality and the Social Sciences*. London: Routledge and Kegan Paul, p. 132-154.

Cossette, P. (2004). *L'organisation: Une perspective cognitiviste*. Québec: Les Presses de l'Université Laval.

Cotton, J. L. (1982). «Objective Versus Advocacy Models of Scientific Enterprise: A Comment on the Mitroff Myth», *Academy of Management Review*, 7, (1), p. 133-135.

Crainer, S. (2000). *The Management Century*. New-York: John Wiley & Sons.

Crozier, M. et Friedberg, E. (1977). *L'acteur et le système*. Paris: Éditions du Seuil.

Czarniawska-Joerges, B. et Wolff, R. (1991). «Leaders, Managers, Entrepreneurs On and Off the Organizational Stage», *Organization Studies*, 12, (4), p. 529-546.

Daft, R. L. et Lewin, A. Y. (1990). «Can Organization Studies Begin to Break Out of the Normal Science Straitjacket? An Editorial Essay», *Organization Science*, 1, (1), p. 1-9.

Daft, R. L. et Weick, K. E. (1984). «Toward a Model of Organizations as Interpretation Systems», *Academy of Management Review*, 9, (2), p. 284-295.

Dagenais, B. (2008). *Éloge de la violence*. France: Éditions de l'aube.

David, A. (2002). «Connaissance et sciences de la gestion», dans Gaudin, T. et Hatchuel, A. (Ed.), *Les nouvelles raisons du savoir*. Colloque de Cerisy (III): Éditions de l'aube, p. 251-279.

DeLisi, P. S. (1998). «A Modern-Day Tragedy: The Digital Equipement Story», *Journal of Management Inquiry*, 7, (2), p. 118-130.

Demeulenaere, P. (2003). *Homo oeconomicus: Enquête sur la constitution d'un paradigme*. Paris: Quadrige.

Déry, R. (1988). «La production des connaissances scientifiques», *Communication et cognition*, 21, (3), p. 293-317.

Déry, R. (1989). *La structuration discursive de la problématique de la décision dans la revue Administrative Science Quarterly: une contribution à l'épistémologie des sciences de l'organisation*. Québec: Université Laval.

Déry, R. (1994). «Enjeux et controverses épistémologiques dans le champ des sciences de l'administration», dans Bouilloud, J.-P. et Lecuyer, B.-P. (Ed.), *L'invention de la gestion*. Paris: L'Harmattan, p. 163-189.

Déry, R. (1995). «L'impossible quête d'une science de la gestion», *Gestion*, 20, (3), p. p. 35-46.

Déry, R. (1997). «Homo administrativus et son double: du bricolage à l'indiscipline», *Gestion*, 22, (2), p. 27-33.

Déry, R. (2001). «La structuration socio-épistémologique du champ de la stratégie», dans Martinet, A. C. et Thietart, R.-A. (Ed.), *Stratégies: Actualités et futurs de la recherche*. Paris: Vuibert.

Déry, R. (2002). Modernité et gestion: Du royaume des dieux au crépuscule des hommes. Les Cahiers des leçons inaugurales, Montréal, HEC Montréal.

Détrie, J.-P. (1999). «Préface à la réédition», *Administration Industrielle et Générale*. Paris: Dunod.

DiMaggio, P. J. et Powell, W. W. (1983). «The Iron Cage Revisited: Institutional Isomorphism and Collective Rationality in Organizational Fields», *American Sociological Review*, 48, (2), p. 147-160.

Donaldson, L. (1997). «A Positivist Alternative to the Structure-Action Approach», *Organization Studies*, 18, (1), p. 77-92.

Ellul, J. (1990). *La technique ou l'enjeu du siècle*. Paris: Economica.

Emery, F. E. et Trist, E. L. (1965). «The Causal Texture of Organizational Environments», *Human Relations*, 18, (1), p. 21-32.

Eraly, A. (1993). «Réflexivité, pouvoir, idéologie et rapport à soi», dans Audet, M. et Bouchikhi (Ed.), *Structuration du social et modernité avancée*. Sainte-Foy: Presses de l'Université Laval, p. 329-343.

Etzkowitz, H. et Webster, A. (1998). «The Entrepreneurial University», dans Etzkowitz, H., Webster, A. et Healey, P. (Ed.), *Capitalizing Knowledge*. Albany: State University of New-York Press, p. 21-71.

Evan, W. M. (1966). «The Organization-Set», dans Thompson, J. D. (Ed.), *Approaches to Organizational Design*. Pittsburgh: University of Pittsburg, p. 173-191.

Fayol, H. (1999). *Administration industrielle et générale*. Paris: Dunod.

Feyerabend, P. (1979). *Contre la méthode*. Paris: Éditions du Seuil.

Freund, J. (1973). «Explication et compréhension», *Les théories des sciences humaines*. Paris: Presses Universitaires de France, p. 119-130.

Fuller, S. (1991). *Social Epistemology*. Bloomington: Indiana University Press.

Furusten, S. (1998). «The Creation of Popular Management Texts», dans Alvarez, J. L. (Ed.), *The Diffusion and Consumption of Business Knowledge*. New-York: St. Martin's Press, p. 141-163.

Gagliardi, P. (1986). «The Creation and Change of Organizational Cultures: A Conceptual Framework», *Organization Studies*, 7, (2), p. 117-134.

Ghoshal, S. et Bartlett, C. A. (1990). «The Multinational Corporation as an Interorganizational Network», *Academy of Management Review*, 15, (4), p. 603-626.

Gibbons, M., Limoges, C., Nowotny, H., Schwartzman, S., Scott, P. et Trow, M. (1994). *The New Production of Knowledge: The Dynamics of Science and Research in Contemporary Societies*. Sage: London.

Giddens, A. (1987). *La constitution de la société: Éléments de la théorie de la structuration*. Paris: Presses Universitaires de France.

Giddens, A. (1994). *Les conséquences de la modernité*. Paris: L'Harmattan.

Gillespie, R. (1991). *Manufacturing Knowledge: A history of the Hawthorne experiments*. Cambridge: Cambridge University Press.

Gingras, Y. (2003). «Entreprises académiques», *Actes de la recherche en sciences sociales*, 148.

Gioia, D. A. et Chittipeddi, K. (1991). «Sensemaking and Sensegiving in Strategic Change Initiation», *Strategic Management Journal*, 12, (6), p. 433-448.

Gioia, D. A. et Pitre, E. (1990). «Multiparadigm Perspectives on Theory Building», *Academy of Management Review*, 15, (4), p. 584-602.

Gnassounou, B. (Ed.), (2007). *Philosophie de l'action: Action, raison et délibération*. Paris: Vrin.

Gould, J. et Kolb, W. L. (1964). «Rationality», dans Gould, J. et Kolb, W. L. (Ed.), *A Dictionary of the Social Science*. Glencoe: Free Press, p. 573-574.

Greenwood, R. et Hinings, C. R. (1988). «Organizational Design Types, Tracks and the Dynamics of Strategic Change», *Organization Studies*, 9, (3), p. 293-316.

Gustsatz, M. (1987). «Loi et causalité», dans Stengers, I. (Ed.), *D'une science à l'autre*. Paris: Éditions du Seuil, p. 68-87.

Haber, S. (2002). «L'école de Francfort: la question du savoir émancipateur», dans Wagner, P. (Ed.), *Les philosophes et la science*. Paris: Éditions Gallimard, p. 867-919.

Halfpenny, P. (1982). *Positivism and Sociology: Explaining Social Life*. London: George Allen & Unwin.

Hambrick, D. C. et Mason, P. A. (1984). «Upper Echelons: The Organization as a Reflection of Its Top Managers», *Academy of Management Review*, 9, (2), p. 193.

Hambrick, D. C., Seung Cho, T. et Chen, M.-J. (1996). «The Influence of Top Management Team Heterogeneity on Firm's Competitive Moves», *Administrative Science Quarterly*, 41, (4), p. 659-685.

Hamilton, P. (1996). «The Enlightenment and the Birth of Social Science», dans Hall, S., Held, D., Huebert, D. et Thompson, K. (Ed.), *Modernity: An Introduction to Modern Societies*. Oxford: Blackwell, p. 19-54.

Hammer, M. et Champy, J. (2001). *Reengineering the Corporation: A Manifesto for Business Revolution*. New-York: HarperCollins Publishers.

Hannan, M. T. et Freeman, J. (1977). «The Population Ecology of Organization», *American Journal of Sociology*, 82, (5), p. 929-964.

Hannan, M. T. et Freeman, J. (1984). «Structural Inertia and Organizational Change», *American Sociological Review*, 49, (2), p. 149-164.

Hardy, C. (1995). «Managing Strategic Change: Power, Paralysis and Perspective», *Advances in Strategic Management*, 12B, p. 3-30.

Hardy, C. et Clegg, S. (1997). «Relativity Without Relativism: Reflexivity in Post-Paradigm Organizational Studies», *British Journal of Management*, 8, (SI), p. S5-S17.

Hassard, J. (1988). «Overcoming Hermeticism in Organization Theory: An Alternative to Paradigm Incommensurability», *Human Relations*, 41, (3), p. 247-259.

Hasselbladh, H. et Kallinikos, J. (2000). «The Project of Rationalization. A Critique and Reappraisal of Neo-Institutionalism in Organization Studies», *Organization Studies*, 21, (4), p. 697-720.

Hatch, M. J. (1993). «The Dynamics of Organizational Culture», *Academy of Management Review*, 18, (4), p. 657-693.

Hatchuel, A. (2000). «Quel horizon pour les sciences de gestion ? Vers une théorie de l'action collective», dans David, A., Hatchuel, A. et Laufer, R. (Ed.), *Les nouvelles fondations des sciences de gestion*. Paris: Vuibert, p. 7-43.

Haunschild, P. R. et Miner, A. S. (1997). «Modes of Interorganizational Imitation: The Effects of Outcome Salience and Uncertainty», *Administrative Science Quarterly*, 42, (3), p. 472-500.

Hayek, F. A. (1993). *La route de la servitude*. Paris: Quadrige.

Hayek, F. A. (1995). *Droit, législation et liberté: 1. Règles et ordre*. Paris: Quadrige.

Hedlund, G. (1994). «A Model of Knowledge Management and the N-Form Corporation», *Strategic Management Journal*, 15, (SI), p. 73-90.

Herman, J. (1994). *Les langages de la sociologie*. Paris: Presses Universitaires de France.

Hoftstede, G. (1996). «An American in Paris: The Influence of Nationality on Organization Theories», *Organization Studies*, 17, (3), p. 525-537.

Hollis, M. (1999). *Models of Man*. Cambridge: Cambridge University Press.

Hrebiniak, L. G. et Joyce, W. F. (1985). «Organizational Adaptation: Strategic Choice and Environmental Determinism», *Administrative Science Quarterly*, 30, (3), p. 336-349.

Huczynski, A. A. (1996). *Management Gurus: What Makes Them and How to Become One*. London: International Thomson Business Press.

Isabella, L. A. (1990). «Evolving Interpretations as a Change Unfolds: How Managers Construe Key Organizational Events», *Academy of Management Journal*, 33, (1), p. 7-41.

Jackson, B. (1996). «Re-Engineering the Sense of Self: The Manager and the Management Guru», *Journal of Management Studies*, 35, (5), p. 571-590.

Jackson, B. (2001). *Management Gurus and Management Fashions*. New-York: Routledge.

Jackson, N. et Carter, P. (1991). «In Defence of Paradigm Incommensurabiliy», *Organization Studies*, 12, (1), p. 109-127.

Jackson, N. et Carter, P. (1993). «Paradigm Wars': A Response to Hugh Willmott», *Organization Studies*, 14, (5), p. 721-725.

Jermier, J. M. et Domagalski, T. (2000). «Storytelling and Organizational Studies: A Critique of "Learning About Work From Joe Cool"«, *Journal of Management Inquiry*, 9, (1), p. 62-64.

Johnson, G. (1988). «Rethinking Incrementalism», *Strategic Management Journal*, 9, (1), p. 75-91.

Jullien, F. (1996). *Traité de l'efficacité*. Paris: Éditions Grasset et Fasquelle.

Kamoche, K. (2000). «Developing Managers: The Functional, the Symbolic, the Sacred and the Profane», *Organization Studies*, 21, (4), p. 747-774.

Katz, D. et Kahn, R. L. (1967). *The Social Psychology of Organization*. New York: John Wiley & Sons.

Katz, R. L. (1955). «Skills of an Effective Administrator», *Harvard Business Review*, 33, (1), p. 33.

Kepner, C. H. et Tregoe, B. B. (1965). *The Rational Manager*. New York: McGraw-Hill.

Koontz, H. et O'Donnell, C. (1964). *Principles of Management*. New York: McGraw-Hill.

Kotarbinski, T. (1983a). «The Goal of an Act and the Task of the Agent», dans Gasparski, W. W. et Pszczolowski, T. (Ed.), *Praxiological Studies*. Dordrecht: D. Reidel Publishing Company, p. 1-19.

Kotarbinski, T. (1983b). «On the Essence and Goals of General Methodology (Praxiology)», dans Gasparski, W. W. et

Pszczolowski, T. (Ed.), *Praxiological Studies*. Dordrecht: D. Reidel Publishing Company, p. 21-30

Kotarbinski, T. (2002). «The ABC of Practicality», dans Ryan, L. V., Nahser, B. F. et Gasparski, W. W. (Ed.), *Praxiology and Pragmatism*. New-Brunswick (New-Jersey): Transaction Publishers, p. 25-59.

Kuhn, T. S. (1983). *La structure des révolutions scientifiques*. Paris: Flammarion.

Kuhn, T. S. (1999). «Reflections on my Critics», dans Lakatos, I. et Musgrave, A. (Ed.), *Criticism and the Growth of Knowledge*. Cambridge: Cambridge University Press, p. 231-278.

Lalande, A. (1999). *Vocabulaire technique et critique de la philosophie*. Paris: Quadrige.

Landry, M. (1995). «A Note on the Concept of 'Problem'», *Organization Studies*, 16, (2), p. 315-343.

Landry, M. et Banville, C. (1993). *L'épistémologie comme instrument de formation, de débat et de légitimation dans le champ des sciences de l'administration*. Montréal: École des Hautes Études Commerciales.

Lapierre, L. (1978). «La gestion des arts et l'art de la gestion», *Gestion*, 3, (2), p. 2-12.

Lapierre, L. (2005). «Gérer, c'est créer», *Gestion*, 30, (1), p. 10-15.

Laroche, H. et Nioche, J.-P. (1998). «Les nouveaux fondements de la stratégie», dans Laroche, H. et Nioche, J.-P. (Ed.), *Repenser la stratégie*. Paris: Vuibert, p. 1-24.

Latour, B. (1992). *Aramis ou l'amour des techniques*. Paris: Éditions La Découverte.

Latour, B. (1993). *Petites leçons de sociologie des sciences*. Paris: La Découverte.

Latour, B. (1994). *Le métier de chercheur: regard d'un anthropologue*. Paris: INRA.

Latour, B. (1996). *Petite réflexion sur le culte moderne des dieux faitiches*. Paris: Synthélabo.

Latour, B. (1997). *Nous n'avons jamais été modernes*. Paris: La Découverte.

Laurent, A. (1994). *L'individualisme méthodologique*. Paris: Presses Universitaires de France.

Law, J. (1999). «After ANT: complexity, naming and topology», dans Law, J. et Hassard, J. (Ed.), *Actor Network Theory and after*. Oxford: Blackwell, p. 1-14.

Lazega, E. (1998). *Réseaux sociaux et structures relationnelles*. Paris: Presses Universitaires de France.

Le Goff, J.-P. (2000). *Les illusions du management*. Paris: La Découverte.

Le Moigne, J.-L. (1993). «Sur "l'incongruité épistémologique" des sciences de gestion», *Revue française de gestion*, spécial, (96), p. 123-135.

Le Moigne, J.-L. (2002). *Le constructivisme: Tome 2*. Paris: L'Harmattan.

Le Mouël, J. (1991). *Critique de l'efficacité*. Paris: Seuil.

Lemieux, V. (1999). *Les réseaux d'acteurs sociaux*. Paris: Presses Universitaires de France.

Levinson, H. (1970). «Management by Whose Objectives?», *Harvard Business Review*, 48, (4), p. 125.

Lipovetsky, G. (1994). *The Empire of Fashion: Dressing Modern Democracy*. Princeton: Princeton University Press.

Longuet, S. (1998). *Hayek et l'école autrichienne*. Paris: Nathan.

Lyotard, J.-F. (1979). *La condition postmoderne: rapport sur le savoir*. Paris: Les éditions de minuit.

March, J. G. et Simon, H. A. (1969). *Les organisations*. Paris: Dunod.

Martinet, A. C. (1990). «Grandes questions épistémologiques et sciences de gestion», dans Martinet, A. C. (Ed.), *Épistémologies et Sciences de Gestion*. Paris: Economica, p. 9-29.

Martucelli, D. (1999). *Sociologies de la modernité*. Paris: Gallimard.

Masterman, M. (1999). «The Nature of a Paradigm», dans Lakatos, I. et Musgrave, A. (Ed.), *Criticism and the Growth of Knowledge*. Cambridge: Cambridge University Press, p. 59-89.

Mazza, C. (1998). «The Popularization of Business Knowledge Diffusion: From Academic Knowledge to Popular Culture», dans Alvarez, J. L. (Ed.), *The Diffusion and Consumption of Business Knowledge*. London: Mac Millan, p. 164-181.

Mazza, C. et Alvarez, J. L. (2000). «Haute Couture and Prêt-à-Porter: The Popular Press and the Diffusion of Management Practices», *Organization Studies*, 21, (3), p. 567-588.

McClelland, D. C. et Burnham, D. H. (1976). «Power Is the Great Motivator», *Harvard Business Review*, 54, (2), p. 100.

McCoy, B. H. (1983). «The Parable of the Sadhu», *Harvard Business Review*, 75, (3), p. 74.

Mesny, A. (2003). «La prise de décision et l'analyse de cas en management». Montréal: HEC Montréal.

Meyer, J. W. et Rowan, B. (1977). «Institutionalized Organizations: Formal Structure as Myth and Ceremony», *American Journal of Sociology*, 83, (2), p. 340-363.

114

Micklethwait, J. et Wooldridge, A. (1996). *The Witch Doctors: Making Sense of the Management Gurus*. New York: Random House.

Miles, R. E. (1965). «Human Relations of Human Resources?», *Harvard Business Review*, 43, (4), p. 148.

Miles, R. E., Snow, C. C., Meyer, A. D. et Coleman, H. J. (1978). «Organizational Strategy, Structure, and Process», *Academy of Management Review*, 3, (3), p. 546-562.

Miller, D. (1986). «Configurations of Strategy and Structure: Towards a Synthesis», *Strategic Management Journal*, 7, (3), p. 233-250.

Miller, D. (1996). «Configurations Revisited», *Strategic Management Journal*, 17, (7), p. 505-512.

Miller, D. et Friesen, P. H. (1977). «Strategy-Making in Context: Ten Empirical Archetypes», *Journal of Management Studies*, 14, (3), p. 253-279.

Miller, D. et Hartwick, J. (2002). «Spotting Management Fads», *Harvard Business Review*, 80, (10), p. 26.

Miner, J. B. (1984). «The Validity and Usefulness of Theories in an Emerging Organizational Science», *Academy of Management Review*, 9, (2), p. 296-306.

Mintzberg, H. (1979). *The Structuring of Organizations*. Upper Saddle River: Prentice-Hall.

Mintzberg, H. (1984). *Le manager au quotidien*. Paris: Éditions d'organisation.

Mintzberg, H. (1990). *Le management*. Paris: Éditions d'organisation.

Mitchell, T. R. (1985). «An Evaluation of the Validity of Correlational Research Conducted in Organizations», *Academy of Management Review*, 10, (2), p. 192-205.

Mitroff, I. I. (1980). «Reality as a Scientific Strategy: Revising Our Concepts of Science», *Academy of Management Review*, 5, (4), p. 513-515.

Morgan, G. (1980). «Paradigms, Metaphors, and Puzzle Solving in Organization Theory», *Administrative Science Quarterly*, 25, (4), p. 605-622.

Morgan, G. (1999). *Images de l'organisation*. Québec: Presses de l'Université Laval.

Mortimore, G. W. (1976). «Rational action», dans Benn, S. I. et Mortimore, G. W. (Ed.), *Rationality and the social sciences*. London: Routledge and Kegan Paul, p. 93-110.

Mucchielli, R. (1987). *La méthode des cas*. Paris: Les Éditions ESF.

Nadeau, R. (1999). *Vocabulaire technique et analytique de l'épisté-mologie*. Paris: Presses Universitaires de France.

Nichols, R. G. et Stevens, L. A. (1957). «Listening to People», *Harvard Business Review*, 35, (5), p. 85.

Noël, M. X. (2006). *Action et connaissance en management: exploration du cas de la Harvard Business Review*. Montréal: HEC Montéal (Université de Montréal). Thèse de doctorat (Ph. D.).

Nouss, A. (1995). *La modernité*. Paris: Presses Universitaires de France.

O'Reilly, C. A. et Chatman, J. A. (1994). «Working Smarter and Harder: A longitudinal Study of Managerial Success», *Administrative Science Quarterly*, 39, (4), p. 603-627.

Oliver, C. (1988). «The Collective Strategy Framework: An Application to Competing Predictions of Isomorphism», *Administrative Science Quarterly*, 33, (4), p. 543-561.

Oliver, C. (1991). «Strategic Responses to Institutional Processes», *Academy of Management Review*, 16, (1), p. 145-179.

Opp, K.-D. (2001). «How do Norms Emerge? An Outline of a Theory», dans Boudon, R., Demeulenaere, P. et Viale, R. (Ed.), *L'explication des normes sociales*. Paris: Presses Universitaires de France, p. 11-43.

Parrochia, D. (Ed.), (2001). *Penser les réseaux*. Seyssel: Éditions Champ Vallon.

Pascale, R. T. (1990). *Managing on the Edge*. New York: Touchstone.

Peiperl, M. A. (2001). «Getting 360 feedback right», *Harvard Business Review*, 79, (1), p. 142-147.

Perrow, C. (1986). «Economic Theories of Organization», *Theory and Society*, 15, (1), p. 11-45.

Perseus, P. (Ed.), (2002). *Business: The Ultimate Resource*. Cambridge: Bloomsbury Publishing.

Peters, T. et Waterman, R. (1999). *Le Prix de l'Excellence*. Paris: Dunod.

Pettigrew, A. M. (1992). «The Character and Significance of Strategy Process Research», *Strategic Management Journal*, 13, (SI), p. 5-16.

Pfeffer, J. et Salancik, G. R. (1977). «Organization Design: The Case for a Coalitional Model of Organizations», *Organizational Dynamics*, 6, (2), p. 15-29.

Phillips Carson, P., Lanier, P. A., Carson, K. D. et Guidry, B. N. (2000). «Clearing a Path Through the Management Fashion

Jungle: Some Preliminary Trailblazing», *Academy of Management Journal*, 43, (6), p. 1143-1158.

Piaget, J. (Ed.), (1967). *Logique et connaissance scientifique*. Paris: Gallimard.

Piaget, J. (1970). *Épistémologie des sciences de l'homme*. Paris: Gallimard.

Piaget, J. (1996). *L'épistémologie génétique*. Paris: Presses Universitaires de France.

Porter, M. (1982). *Choix stratégiques et concurrence*. Paris: Economica.

Porter, M. (1986). *L'avantage concurrentiel*. Paris: IntérÉditions.

Prahalad, C. K. et Bettis, R. A. (1986). «The Dominant Logic: a New Linkage Between Diversity and Performance», *Strategic Management Journal*, 7, (6), p. 485-501.

Rajagopalan, N. et Spreitzer, G. M. (1996). «Toward a Theory of Strategic Change: A Multi-Lens Perspective and Integrative Framework», *Academy of Management Review*, 22, (1), p. 48-79.

Revel, J. (2001). «Les sciences historiques», dans Berthelot, J. M. (Ed.), *Épistémologie des sciences sociales*. Paris: Presses Universitaires de France, p. 17-76.

Rocher, G. (1992). *Introduction à la sociologie générale*. Montréal: Éditions Hurtubise.

Rogers, C. R. et Roethlisberger, F. J. (1952). «Barriers and Gateways to Communication», *Harvard Business Review*, 30, (4), p. 46.

Rothbard, M. (1991). *Économistes et charlatans*. Paris: Les Belles Lettres.

Rouleau, L. et Séguin, F. (1995). «Strategy and Organization Theories: Common Forms of Discourse», *Journal of Management Studies*, 32, (1), p. 101-117.

Ryan, L. V., Nahser, B. F. et Gasparski, W. W. (Ed.), (2002). *Praxiology and Pragmatism*. New-Brunswick (New-Jersey): Transaction Publishers.

Saint-Sernin, B. (2002). «La causalité», dans Andler, D., Fagot-Largeault, A. et Saint-Sernin, B. (Ed.), *Philosophie des sciences II*. Paris: Éditions Gallimard, p. 825-938.

Scandura, T. A. et Williams, E. A. (2000). «Research Methodology in Management: Current Practices, Trends, and Implications for Future Research», *Academy of Management Journal*, 43, (6), p. 1248-1264.

Scheid, J.-C. (1999). *Les grands auteurs en organisation*. Paris: Dunod.

117

Schueler, G. F. (2003). *Reasons & Purposes: Human Rationality and the Teleological Explanation of Action*. Oxford: Clarendon Press.

Séguin, F. et Chanlat, J.-F. (1992). *L'analyse des organisations: une anthologie sociologique (Tome 1)*. Montréal: Gaëtan Morin Éditeur.

Sfez, L. (2002). *Technique et idéologie*. Paris: Seuil.

Shaw, J. B. (1990). «A Cognitive Categorization Model the Study of Intercultural Management», *Academy of Management Review*, 15, (4), p. 626-645.

Simon, H. A. (1976). «From Substantive to Procedural Rationality», dans Latsis, S. J. (Ed.), *Method and Appraisal in Economics*. Cambridge: Cambridge University Press, p. 129-148.

Simon, H. A. (1978). «Rationality as Process and as Product of Thought», *American Economic Review*, 68, (2), p. 1-16.

Simon, H. A. (1983a). *Administration et Processus de décision*. Paris: Economica.

Simon, H. A. (1983b). *Reason in Human Affairs*. Stanford: Stanford University Press.

Slaughter, S. et Leslie, L. L. (1999). *Academic Capitalism*. Baltimore: Johns Hopkins University Press.

Sloterdijk, P. (1987). *Critique de la raison cynique*. Paris: Christian Bourgeois Éditeur.

Sloterdijk, P. (2000). *La domestication de l'Être*. Paris: Mille et une nuits.

Smiddy, H. F. et Naum, L. (1954). «Evolution of a "Science of Managing" in America», *Management Science*, 1, (1), p. 1-31.

Smith, G. A., Christensen, R. C. et Berg, N. A. (1968). *Policy Formulation and Administration: A Casebook of Top-Management Problems in Business*. Homewood: Richard D. Irwin.

Spell, C. S. (2001). «Management Fashions: Where Do They Come From, and Are They Old Wine in New Bottles?», *Journal of Management Inquiry*, 10, (4), p. 358-374.

Sperber, D. (1997). «Apparently Irrational Beliefs», dans Hollis, M. et Lukes, S. (Ed.), *Rationality and Relativism*. Cambridge: The MIT Press, p. 149-180.

Staw, B. M. et Barsade, S. G. (1993). «Affect and Managerial Performance: A Test of the Sadder-but-Wiser vs. Happier-and-Smarter Hypotheses», *Administrative Science Quarterly*, 38, (2), p. 304-332.

Staw, B. M. et Epstein, L. D. (2000). «What Bandwagons Bring: Effects of Popular Management Techniques on Corporate

Performance, Reputation, and CEO Pay», *Administrative Science Quarterly*, 45, (3), p. 523-556.

Svenson, A. L., Mazzucato, U. G., Gordon, P. J. et Starbuck, W. H. (1966). «Forum: Exchanges on Cases and Policy Courses», *Academy of Management Journal*, 9, (4), p. 344-361.

Taylor, F. W. (1911). *Shop Management*. New-York: Harper.

Taylor, F. W. (1934). *The Principles of Scientific Management*. New-York: Harper.

Taylor, F. W. (1971). *La direction scientifique des entreprises*. Paris: Dunod.

Thomas, P. (1999). *Fashions in Management Research: An Empirical Analysis*. Aldershot: Ashgate.

Thompson, J. D. (1956). «On Building an Administrative Science», *Administrative Science Quarterly*, 1, (1), p. 102-111.

Touraine, A. (1992). *Critique de la modernité*. Paris: Fayard.

Touraine, A. (1999). *Sociologie de l'action*. Paris: Seuil.

Tsoukas, H. (1989). «The Validity of Idiographic Research Explanations», *Academy of Management Review*, 14, (4), p. 551-561.

Tsoukas, H. (1993). «Analogical Reasoning and Knowledge Generation in Organization Theory», *Organization Studies*, 14, (3), p. 323-346.

Turner, J. H. (1988). *A Theory of Social Interaction*. Stanford: Stanford University Press.

Tushman, M. L. et Romanelli, E. (1985). «Organizational Evolution: A Metamorphosis Model of Convergence and Reorientation», *Research in Organizational Behavior*, 7, p. 171-222.

Uyterhoeven, H. (1972). «General Managers in the Middle», *Harvard Business Review*, 50, (2), p. 75.

Van de Ven, A. H. (1992). «Suggestions for Studying Strategy Process: A Research Note», *Strategic Management Journal*, 13, (SI), p. 169-188.

Venkatraman, N. et Prescott, J. E. (1990). «Environment-Strategy Coalignment: An Empirical Test of its Performance Implications», *Strategic Management Journal*, 11, (1), p. 1-23.

Vergara, F. (2002). *Les fondements philosophiques du libéralisme*. Paris: La Découverte.

Vergnioux, A. (2003). *L'explication dans les sciences*. Bruxelles: De Boeck.

Vinck, D. (1995). *Sociologie des sciences*. Paris: Armand Colin.

Vinck, D. (2006). *Sciences et société: Sociologie du travail scientifique*. Paris: Armand Colin.

von Mises, L. (1985). *L'action humaine*. Paris: Presses Universitaires de France.

Waldman, D. A. et Yammarino, F. J. (1999). «CEO Charismatic Leadership: Levels-of-Management and Levels-of-Analysis Effects», *Academy of Management Review*, 24, (2), p. 266-285.

Walter, G. A. (1995). «Owner-Presidents: CEOs Are Not Like OB Professors», *Journal of Management Inquiry*, 4, (1), p. 93-103.

Weber, M. (1995). *Economie et société (1)*. Paris: Plon/Pocket.

Weick, K. E. (1989). «Theory Construction as Disciplined Imagination», *Academy of Management Review*, 14, (4), p. 516-531.

Weick, K. E. (1999). «Theory Construction as Disciplined Reflexivity: Tradeoffs in the 90s», *Academy of Management Review*, 24, (4), p. 797-806.

Wernerfelt, B. (1984). «A Resource-based View of the Firm», *Strategic Management Journal*, 5, (2), p. 171-180.

Wernerfelt, B. (1995). «The Resource-Based View of the Firm: Ten Years After», *Strategic Management Journal*, 16, (3), p. 171-174.

Westley, F. et Mintzberg, H. (1989). «Visionary Leadership and Strategic Management», *Strategic Management Journal*, 10, (SI), p. 17-32.

Westphal, J. D. (1998). «Board games: How CEOs Adapt to Increases in Structural Board Independence from Management», *Administrative Science Quarterly*, 43, (3), p. 511-528.

Westphal, J. D. et Zajac, E., J. (1998). «The Symbolic Management of Stockholders: Corporate Governance Reforms and Shareholders Reactions», *Administrative Science Quarterly*, 43, (1), p. 127-154.

Whitley, R. (1984a). «The Development of Management Studies as a Fragmented Adhocracy», *Social Science Information/Information sur les Sciences sociales*, 23, (4/5), p. 775-818.

Whitley, R. (1984b). «The Fragmented State of Management Studies: Reasons and Consequences», *Journal of Management Studies*, 21, (3), p. 331-348.

Whitley, R. (1984c). *The Intellectual and Social Organization of the Sciences*. Oxford: Clarendon Press.

Whitley, R. (1984d). «The Scientific Status of Management Research as a Practically-Oriented Social Science», *Journal of Management Studies*, 21, (4), p. 369-390.

Whitley, R. (1985). «Knowledge Producers and Knowledge Acquirers: Popularisation as a Relation Between Scientific Fields and Theirs Publics», dans Shinn, T. et Whitley, R. (Ed.), *Expository Science: Forms and Functions of Popularisation.* Dordrecht: D. Reidel Publishing Company, p. 3-28.

Whitley, R. (1988). «The Management Sciences and Managerial Skills», *Organization Studies*, 9, (1), p. 47-68.

Whitley, R. (2008). «Varieties of Knowledge and Their Use in Business and Management Studies: Conditions and Institutions», *Organization Studies*, 29, (4), p. 581-609.

Willmott, H. (1993a). «Breaking the Paradigm Mentality», *Organization Studies*, 14, (5), p. 681-719.

Willmott, H. (1993b). «Paradigm Gridlock: A Reply», *Organization Studies*, 14, (5), p. 727-730.

Wiseman, R. M. et Gomez-Mejia, L. R. (1998). «A Behavioral Agency Model of Managerial Risk Taking», *Academy of Management Review*, 23, (1), p. 133-153.

Wren, D. A. (1994). *The Evolution of Management Thought.* New-York: John Wiley & Sons.

Wren, D. A. et Greenwood, R. G. (1998). *Management Innovators.* New York: Oxford University Press.

Zucker, L. G. (1987). «Institutional Theories of Organization», *Annual Review of Sociology*, 13, p. 443-464.